UNIVERSITÉ DE FRANCE

ACADÉMIE DE PARIS

THÈSE

POUR

LA LICENCE

SOUTENUE PAR

STYLIANOS PAPPADAKIS

Né à Merambello *(Ile de Crète)*

« Μία γὰρ αὕτη σωτηρία καὶ
« πόλεως καὶ ἔθνους ἐστὶ τὸ
« προστατῶν ἀνδρῶν ἀγαθῶν καὶ
« συμβούλων σπουδαίων τυχεῖν
« ΔΗΜΟΣΘΕΝΗΣ. »

PARIS

IMPRIMERIE POURCELLE-FLOREZ

RUE DES FOSSÉS-SAINT-JACQUES, 24

1873

UNIVERSITÉ DE FRANCE
ACADÉMIE DE PARIS

THÈSE

POUR

LA LICENCE

L'acte public sur les matières ci-après sera présenté et
soutenu le jeudi 23 janvier 1873, à midi

PAR

Stylianos Pappadakis

Né à Merambello (*Ile de Crète*)

PRÉSIDENT : M. GIDE

SUFFRAGANTS.	MM. Ortolan de Valroger Bufnoir	PROFESSEURS.
	Lyon Caen	AGRÉGÉ.

Le candidat répondra en outre aux questions qui lui seront faites sur
les autres matières de l'enseignement.

PARIS

—

IMPRIMERIE POURCELLE-FLOREZ
RUE DES FOSSÉS-ST-JACQUES, 24

—

1873

A LA CRÈTE, MA CHÈRE PATRIE

A MON ONCLE DÉMÉTRIUS ATHANASSOPULO

TÉMOIGNAGE D'AFFECTION SINCÈRE

A MES COMPATRIOTES, A MES AMIS

JUS ROMANUM

DE JUREJURANDO SIVE VOLUNTARIO, SIVE NECESSARIO, SIVE JUDICIALI

(Dig. lib. XII, tit. II. — Inst. lib. IV, tit. VI, p. II

Maximum remedium expediendarum litium in usum venit iurisjurandi religio, quâ vel ex pactione ipsorum litigatorum, vel ex auctoritate judicis deciduntur controversiæ.

Triplex autem jurisjurandi species : voluntarium quod parti ab alterâ parte defertur in judicio vel extra ; necessarium quod refertur ei qui detulerat ; et judiciale quod a judice defertur.

SECTIO I

DE JUREJURANDO SIVE VOLUNTARIO, SIVE NECESSARIO

§ I

Quis jusjurandum deferre potest

Tam actor reo jusjurandum deferre potest quam reus actori. Is autem demum qui liberam rerum suarum administrationem habet, jusjurandum potest deferre. Hinc, pupillus tutore auctore jusjurandum deferre debet. Simili ratione, prodigus, si deferat jusjurandum audiendus non est. Si tutor qui tutelam gerit, aut curator furiosi prodigive jusjurandum detulerit ratum id haberi debet. Cavere tamen debet tutor ne hoc temere faciat, sed ita demum si pupillo expediat. Procurator quoque quod detulit ratum habendum est.

Filiusfamilias aut servus jusjurandum deferentes aut ipsi referentes conditionem eorum quibus subjecti sunt, non faciunt deteriorem.

§ II

Cui jusjurandum deferri potest

Dialibus, vel vestalibus deferri non potest jusjurandum, nec eis qui rerum suarum administrationem non habent; unde pupillo non deferri potest, nec ei qui probabilem ignorantiam allegare potest ejus rei de quâ jusjurandum deferretur, exempli causa, heredi ejus qui contraxit.

§ III

De effectu delati jurisjurandi et relati

Is cui jusjurandum delatum est, debet aut jurare, aut jusjurandum adversario qui illud detulit referre : alioquin causa cadit. Nam ait Prætor : eum a quo jusjurandum petetur solvere aut jurare cogam. Datur autem et alia facultas reo, ut, si malit, referat jusjurandum. Nam manifestæ turpitudinis est et confessionis est nolle nec jurare nec jusjurandam referre. Jurari autem oportet ut delatum est jusjurandum Omne omnino licitum jusjurandum per quod voluit quis sibi jurari, idoucum est : et, si ex eo fuerit juratum, Prætor id tuebitur.

Ubi judicium acceptum est, aut ubi quis illud accipere teneretur jusjurandum interponi debet.

§ IV

Quod jusjurandum tueatur Pretor

Illud demum jusjurandum tuetur Pretor quod quis conditione delatâ præstitit. Nam si reus juraverit nemine ei jusjurandnm deferente, Pretor id jusjurandum non tuebitur : sibi enim juravit. Ita autem conditione delatâ præstitum jusjurandum videtur, si incontinenti cùm deferretur, aut intra spatium quod ex causâ concessum est, præstitum est. Observandum ex constitutione Justiniani, delatam conditionem jurisjurandi antequam præstitum fuerit, posse revocari.

Quàcumque actione quis conveniatur, si juraverit, proficiet ei jusjurandum ; sive in personam, sive in rem sive in factum, sive pœnali actione, vel quâvis alia agatur, sive de interdicto.

Jusjurandum pro præstito habet Pretor quod remissum est. Is autem remittit jusjurandum, qui, deferente se, cum paratus esset adversarius jurare, gratiam ei facit, contentus voluntate suscepti jusjurandi.

Neque solum cum jusjurandum remissum est,

habetur pro præstito; sed etiam quomodocumque fiat per eum qui illud detulit, quominus interponatur. Enimvero qui jusjurandum defert, prior de calumnia debet jurare, si hoc exigatur : deinde sic ei jurabitur. Hinc si non fuerit remissum jusjurandum ab eo qui detulerit, nec de calumnia juretur, consequens est ut debeat denegari ei actio.

Jurare de calumnia debent omnes qui jusjurandum deferunt. Hinc hoc jusjurandum de calumnia æque patrono et parentibus remittitur.

§ V

De effectu jurisjurandi præstiti

Jusjurandum varios parit effectus prout a reo aut ab actore præstitum est. Reo enim exceptionem, actori actionem jusjurandum parit.

De reo qui juravit, ait Pretor : ejus rei de qua jusjurandum delatum fuerit, neque in ipsum, neque in eum ad quem ea res pertinet, actionem dabo. Quod autem ait Pretor : *Actionem non dabo*, sic accipiendum est, cum apud magistratum liquet jusjurandum de eâ re fuisse interpositum. Quod si magistratui non liqueat, actionis, nec non exceptionis jusjurandi adversus hanc actionem opposit, disceptationem judicibus delegabit. Nam posteaquam juratum est, denegatur actio; aut si controversia erit, id est, si ambigitur an jusjurandum datum sit, exceptioni locus est.

Hæc autem exceptio jurisjurandi non tantum si ea actione quis utatur cujus nomine exegit jusjurandum, opponi debet; sed etiam si alia : si modo eadem quastio in hoc judicium deducatur.

Quod si in nova actione quæ movetur adversus eum qui juravit, alia quæstio versetur, exceptio jusjurandi non proderit. V. G. si quis juraverit non rapuisse, non debet adjuvari hoc jurejurando in actione furti aut condictione; quia aliud est furtum fecisse, quod vel clam fieri potest. Similiter si pater juraverit in peculio nihil esse, filius conveniri potest; sed et pater ita convenietur, ut post acquisiti peculii ratio habeatur.

Jurejurando dato vel remisso, reus quidem acquirit exceptionem sibi aliüsque; actor actionem acquirit. Ei *in factum* actio competit, in qua hoc solum quæritur, an juraverit dari sibi oportere; vel, cum jurare paratus esset, jusjurandum ei remissum sit.

In hoc actione *in factum* quæ ex jurejurando datur, illud venit quod veniret in actione directa ex qua quis sibi deberi juravit. Differt tamen utilis a directa, quod in utili non veniet pæna quæ ex inficiatione rei deberetur, si actione directa ageretur.

Quæ res faceret ut directa actio cessaret, facit etiam ut cesset utilis.

§ VI

Inter quas personas jusjurandum efficax sit?

Prodest jusjurandum non solum ipso reo qui juravit, sed et omni alii ad quem ea res pertinet; ut verbis edicti continetur. Nam de eo quod juratum est, pollicetur se actionem non daturum, neque in eum qui juravit, neque in eos qui in locum ejus cui jusjurandum delatum est, succedunt. Item prodest eis qui ejusdem obligationis debitores sunt. Si reus juravit, fidejussor tutus fit; quia et res judicata secundum alterutrum eorum utrique proficiet. Quemadmodum quod reus juravit etiam fidejussori proficit, ita a fidejussore exactum jusjurandum prodesse etiam reo Cassius et Julianus aiunt.

Maxime autem mihi proficiet jusjurandum ejus quod quis, cum ab adversario meo ipsi delatum esset, meo nomine præstitit. Non refert enim qualis fuerit persona quæ, adversario meo jusjurandum ipsi deferente, juraverit.

Vidimus quibus jusjurandum proficiat. Iis autem nocet adversus quos juratum est, iisve qui in locum ejus successerunt, aut qui ejusdem obligationis creditores sunt. Aliis autem præter eos quibus jusjurandam prodesse aut nocere diximus, nec prodest nec nocet.

SECTIO II

DE JUREJURANDO JUDICIALI

Jusjurandum judiciale illud est, quod ipse judex, ob inopiam probationum, alteri ex litigatoribus ad decisionem causæ defert. Enim vero in bonæ fidei contractibus, necnon etiam in cæteris causis, inopia probationum, per judicem jurejurando, causa cognita, res decidi oportet. Non tanta est autem hujus jurisjurandi auctoritas quanta jurisjurandi conventionalis. Sententiam enim ex hoc jurejurando latam retractari posse ob nova instrumenta postea reperta, docet Gaius. Quod si alias inter ipsos jurejurando transactum sit negotium, non conceditur eamdem causam retractare.

SECTIO III

DE PÆNA PERJURII

Superest ut videamus quæ sit perjurii pæna. Et si quidem per Deum juratum est, nulla pæna est statuta ; nam, ut rescribit Alexander, jurisjurandi contempta religio Deum ultorem habet. Quod si per venerationem Principis juravit, non quidem punitur capite aut lœsæ majestatis reus putatur.

Cæterum non impune est ei qui per principem pejeravit. Nam si quis juravit in re pucuniaria per genium Principis, dare se non oportere, et pejeraverit; vel dari sibi oportere, vel intra certum tempus juraverit se soluturum, nec solvit, imperator noster cum patre rescripsit, fustibus eum castigandum dimittere; et ita ei superdici : *Petulanter ne jurato*.

POSITIONES

I. An actor juramentum reo delatum revocare
possit? — Distinguendum.

II. An reus relatum actori juramentum revocare
possit? — Affirmatur.

III. An parentes et patroni quoque de calumnia
jurent? — Negatur.

IV. An infamis vel perjurus deferre alicui juramentum possit? — Negatur.

CODE CIVIL

DU BÉNÉFICE D'INVENTAIRE ET DE SES EFFETS

(Art. 793 à 810).

Le bénéfice d'inventaire est un mode particulier d'acceptation qui permet à l'héritier de ne pas confondre ses droits et ses biens avec ceux du défunt, et de se soustraire aux charges de la succession qui excèderaient l'émolument. Cette institution a sagement concilié les intérêts de l'héritier et des créanciers. S'il n'est pas juste, d'un côté, que l'héritier supporte un préjudice, peut-être une ruine totale, pour améliorer la condition des créanciers du défunt, il ne l'est pas non plus que ceux-ci soient exposés, par l'immixtion de l'héritier dans les biens du défunt, à voir diminuer ou disparaître le gage ou les garanties de la dette. Le problème était donc de chercher un moyen qui devînt utile aux uns et aux autres.

Ce moyen n'a pas toujours été connu. Le bénéfice d'inventaire ne fut introduit que par Justinien (Loi 22, C. *de jure deliberandi*). Cependant les Romains qui attachaient une sorte de honte à mourir sans héritiers, devaient plus que tous autres, pour prévenir la vacance des successions, ne pas laisser l'héritier entre la crainte d'une ruine totale par une acceptation hasardeuse, et la certitude d'un dépouillement absolu par une renonciation timide. Aussi avait-on admis d'abord l'insuffisante précaution d'un délai pour délibérer, délai de cent jours au moins, pendant lequel l'héritier pouvait prendre connaissance de tous les titres de la succession (1). Mais sa sécurité n'était point entière ; il arrivait plus tard que la découverte d'une dette inconnue, la perte d'un bien, d'un procès ou d'une créance rendaient la succession onéreuse. Pour rassurer complétement l'héritier, Justinien ordonna que, s'il avait constaté la valeur des biens par un inventaire, il ne fut tenu des dettes que jusqu'à concurrence de cette valeur. Ce bénéfice devait être demandé à l'empereur et accordé par lui. De là l'usage, en France, de *lettres du prince* pour l'obtention du même bénéfice. Dans les pays de droit écrit, on n'exigeait pas de lettres ; mais dans les pays de droit coutumier, l'autorité législative manquant

(1) Institutes, livre 2, titae 19, p. 5.

aux lois romaines, le privilége qu'elles constituaient était subordonné à l'approbation positive du prince (1). En outre l'héritier bénéficiaire était exclu par l'héritier pur et simple, même d'un degré plus éloigné, surtout en ligne collatérale.

Le bénéfice d'inventaire a été admis par le Code civil, qui l'a dégagé des entraves et des restrictions du droit coutumier.

Nous traiterons successivement : 1° des formes et délais de l'acceptation sous bénéfice d'inventaire ; 2° des effets du bénéfice d'inventaire ou des droits de l'héritiers bénéficiaire ; 3° de l'administration et des obligations de l'héritier bénéficiaire ; 4° de la déchéance du bénéfice d'inventaire.

§ 1

Formes et délais de l'acceptation sous bénéfice d'inventaire

La loi exige de l'héritier qui réclame le bénéfice d'inventaire deux conditions : une déclaration au greffe et un inventaire.

Déclaration au greffe. — L'héritier doit déclarer « qu'il entend ne prendre cette qualité que sous bé-

____

(1) Dumoulin, sur la coutume de Bourg8gne, art. 22 ; — Rodier, sur l'ordonnance de 1667, art. 1.

« néfice d'inventaire (C. civ. 793.) » Cette déclaration doit être faite « au greffe du tribunal de
« l'ouverture de la succession (C. civ. 793), » et
elle doit être inscrite sur le registre destiné à recevoir les renonciations.

Inventaire. — L'inventaire doit être *fidèle* et
exact, c'est-à-dire présenter une description complète de tous les titres, papiers, argent, meubles et
effets de la succession. L'estimation des effets doit
être faite à *juste valeur* et *sans crue.* (C. pr. 943.)
La crue était une augmentation du prix porté dans
l'inventaire. A Paris, la crue s'élevait à un quart
au-dessus de la prisée (1). On supposait que l'estimation n'avait pas été faite à sa juste mesure ; mais
la crue remédiait imparfaitement à ce mal : sa-
chant qu'on hausserait leur évaluation, les experts
l'abaissaient en conséquence.

S'il n'y a rien à inventorier, on doit dresser un
procès-verbal de carence.

L'inventaire doit être fait par un notaire en présence : 1° du conjoint survivant ; 2° des héritiers
présomptifs ; 3° de l'exécuteur testamentaire ;
4° des donataires, légataires universels ou à titre
universel. (C. pr. 943.) Les créanciers ne sont point
compris dans cette énumération. On décide généralement qu'on doit y appeler les créanciers qui
ont fait opposition aux scellés.

Délais. — L'héritier a trois mois pour faire in-

(1) V° Denizart. *Crue.*

ventaire, et quarante jours pour délibérer, qui commencent à partir du jour de l'expiration des trois mois, ou de la clôture de l'inventaire, s'il a été terminé avant ces trois mois (Art. 795).

Prorogation des délais. — Après l'expiration des délais, l'héritier, en cas de poursuites dirigées contre lui, peut demander un nouveau délai, que le tribunal saisi de la contestation accorde ou refuse suivant les circonstances (Art. 798).

Droits des créanciers pendant les délais. — Pendant les délais pour délibérer, les créanciers peuvent exercer contre l'habile à succéder toutes les actions qu'ils auraient dirigées contre le défunt. Il en était autrement dans le droit Romain ; mais cette différence tenait au principe que la qualité d'héritier s'acquérait par l'adition, sans qu'il y eût de saisie légale. *Hereditas jacebat.* Chez nous, par l'effet de la saisine, l'habile à succéder est considéré comme l'héritier, tant qu'il ne se dépouille pas de ce titre. Les créanciers peuvent donc l'actionner ; mais il opposera à leurs poursuites l'exception dilatoire de l'art. 174, C. pr.

Un créancier, porteur d'un titre exécutoire, peut-il pendant les délais, poursuivre le paiement sur les biens de la succession ? nous pensons qu'il n'y a lieu de surseoir que dans le cas où la poursuite tend à faire condamner l'héritier personnellement ou à le forcer de prendre qualité. Ainsi se concilient les intérêts des héritiers et des créanciers. Or, l'héritier peut défendre à bien des poursuites

2

sans qu'on y voie l'intention de prendre qualité. Il peut, d'ailleurs, faire des réserves formelles, quant à sa qualité, et on ne verra plus alors dans sa résistance qu'un acte conservatoire (1).

Du principe que le créancier peut agir contre l'héritier, pendant les délais, découlent ces deux conséquences : 1° que la prescription court contre le créancier, rien ne l'empêchant de l'interrompre par une demande judiciaire ; 2° qu'elle court aussi contre l'héritier, la saisine l'autorisant à faire tous actes conservatoires, et par conséquent, à interrompre les prescriptions.

Après l'expiration des délais légaux, et de ceux accordés par le juge, l'héritier conserve néanmoins la faculté de se porter héritier bénéficiaire pendant trente ans, s'il n'a pas fait acte d'héritier, ou s'il n'existe pas contre lui de jugement passé en force de chose jugée qui le condamne comme héritier pur te simple (Art. 800).

§ II

Des effets du bénéfice d'inventaire

L'effet général du bénéfice d'inventaire est la séparation des deux patrimoines, du défunt et de

(1) Paris, 16 août 1851.

l'héritier, chacun conservant ses créances et ses dettes distinctes.

L'art. 802 le formule ainsi : « l'effet du bénéfice « d'inventaire est de donner à l'héritier l'avantage, « 1° de n'être tenu du paiement des dettes que « jusqu'à concurrence de la valeur des biens qu'il « a recueillis, même de pouvoir se décharger du « paiement des dettes en abandonnant tous les biens « de la succession aux créanciers et aux légataires ; « 2° de ne pas confondre ses biens personnels avec « ceux de la succession, et de conserver contre elle « le droit de réclamer le paiement de ses créances. »

Reprenons, pour les expliquer séparément, chacun de ces effets.

1° *Paiement des dettes.* — L'héritier n'est tenu de payer les dettes de la succession que jusqu'à concurrence des biens laissés par le défunt, et sur ces biens seulement. Mais en qualité d'*administrateur* il peut être poursuivi sur ses biens personnels, soit qu'il refuse de rendre ses comptes, soit qu'après les avoir rendus, il se trouve reliquataire.

2° *Abandon des biens.* — L'héritier bénéficiaire peut se soustraire au paiement des dettes, en abandonnant tous les biens de la succession aux créanciers et aux légataires. Cet abandon ne constitue pas une renonciation. L'art. 783 détermine les cas où l'acceptation est révocable. On eût employé le mot *renonciation* au lieu d'*abandon* dans l'art. 802 si l'on avait entendu faire une exception nouvelle. La jurisprudence a consacré cette manière de voir.

Il existe du reste des différences notables entre l'abandon et la renonciation.

L'héritier bénéficiaire qui a fait l'abandon n'est pas dispensé du rapport. Si les dettes acquittées, il reste un excédant, c'est l'héritier bénéficiaire qui en profitera et non les héritiers du degré subséquent. En effet, ce n'est pas à eux que l'abandon a été fait. L'accroissement n'aurait pas plus lieu que la dévolution.

L'abandon se fait au greffe ou par acte signifié à partie (1). L'héritier doit présenter en même temps un compte embrassant tout le temps qu'a duré sa gestion.

L'abandon est fait à tous les créanciers.

3° *Séparation des patrimoines.* — Cette séparation a lieu de plein droit au profit des créanciers de la succession bénéficiaire. Ils sont dispensés de prendre l'inscription requise par l'art. 2111 pour conserver leur privilége à l'égard des créanciers de l'héritier. C'est un point qui paraît désormais constant en doctrine et surtout en jurisprudence (1).

Le bénéfice d'inventaire ne produit-il de plein droi léqdesaration des patrimoines qu'au cas d'une acceptation spontanée ? En est-il de même quand le successible étant mineur est nécessairement héri-

(1) Bioche. Dictionn. de procédure, V°. bénef. d'inventaire.

(1) Vazeille, sur l'art. 801 ; Fenet de Conflans, sur l'art, 878 ; Marcadé, sur l'art. 802 ; Massé et Vergé, sur Zachariæ, t. 2. p. 341, note 33.

tier bénéficiaire? On admet généralement que la séparation existe avec les mêmes effets dans les deux cas. Il n'est pas même nécessaire que tous les héritiers soient mineurs ; la minorité de l'un d'eux produit la séparation de patrimoine à l'égard de tous, et empêche ainsi que les héritiers majeurs qui ont accepté purement et simplement puissent valablement consentir sur leurs parts héréditaires aucune hypothèque en faveur de leurs créanciers personnels, et au préjudice des créanciers de l'hérédité,

Les créanciers de la succession bénéficiaire sont-ils déchus du privilége de la séparation des patrimoines si l'héritier vient à encourir lui-même la déchéance du bénéfice d'inventaire? Et en conséquence seraient-ils primés par les créanciers personnels de l'héritier qui auraient pris inscription avant ou depuis sa déchéance? Plusieurs auteurs, même parmi ceux qui ne croient pas l'inscription nécessaire pour conférer le privilége de la séparation de patrimoines (1) enseignent que la déchéance du bénéfice d'inventaire emporte déchéance de leur privilége ponr les créanciers de la succession et leur rend préférables les créanciers inscrits de l'héritier. Nous pensons, au contraire, qu'il ne peut dépendre de l'héritier d'enlever, par son fait, aux créanciers de la succession les droits qui leur ont été acquis par l'effet de l'acceptation bénéficiaire.

4° *Réclamations contre la succession.* — Le qua-

____

(1) Marcadé, art. 878, n₀ 7,

trième effet du bénéfice d'inventaire est de conserver à l'héritier le droit de réclamer contre la succession le payement de ses créances. Il suit de là que l'héritier bénéficiaire peut exercer contre les tiers les actions qui leur donneraient un recours contre la succession, sans qu'ils aient le droit de lui opposer sa qualité d'héritier. Par exemple il pourrait revendiquer sa propre chose, qui aurait été vendue par le défunt, nonobstant la maxime *Quem de evictione tenet actio, eumdem agentem repellit exceptio.* L'acquéreur aurait seulement une indemnité à réclamer contre la succession bénéficiaire.

L'héritier bénéficiaire qui a payé de ses deniers un créancier du défunt jouit de la subrogation légale.

Il exerce ses actions personnelles sur la succession contre ses cohéritiers, s'il en a; et s'il n'en a pas, contre un curateur au bénéfice d'inventaire, qu'il faut nommer à cet effet dans la même forme que le curateur à la succession vacante. Lorsqu'il s'agit de la succession bénéficiaire d'un failli, c'est contre les syndics définitifs que l'héritier doit diriger ses actions (1).

L'héritier bénéficiaire peut transporter à un er s ses créances personnelles contre la succession, et les créanciers de cette succession sont sans intérêt pour contester ce transport.

(1) Amiens, 14 mars 1820.

La prescription ne court pas contre l'héritier bénéficiaire, à l'égard des créances qu'il a contre la succession (art. 2258). On conçoit en effet que l'héritier en possession du patrimoine qui forme son gage n'ait exercé aucune action.

§ III

De l'administration et des obligations de l'héritier bénéficiaire.

Caractères généraux de l'administration de l'héritier bénéficiaire. — L'héritier bénéficiaire est chargé d'administrer les biens de la succession (art. 803) Sa condition comme administrateur, diffère en plusieurs points de celle d'un administrateur ordinaire :

1° C'est sa *propre chose* qu'il administre; car le bénéfice d'inventaire n'ôte pas à l'héritier la propriété des choses héréditaires. Il est ce que les auteurs appellent *procurator in rem suam.*

2° S'il fait des actes qui excèdent les bornes d'une *administration,* ils ne sont pas nuls, seulement ils emportent *déchéance du bénéfice.*

3° S'il gère mal, il ne perd pas la gestion, mais il la continue à titre *d'héritier pur et simple.*

4° Il n'est point *salarié* pour ses peines, la liquidation eut-elle entraîné beaucoup de lenteurs et d'embarras. Il ne peut que répéter ses avances et déboursés ; il n'a pas même le droit de prendre sa *nourriture* ou son *logement* sur les biens de la succession. Il était libre de ne pas encourir les risques d'une administration infructueuse. C'est une solucion généralement accréditée (1).

5° Il n'est tenu que des *fautes graves,* au lieu que l'administrateur ordinaire est responsable même des fautes légères.

L'héritier bénéficiaire administre dans l'intérêt commun ; il représente les créanciers dans les instances qui intéressent la succession. De là est née la question suivante : Les créanciers ont-ils qualité pour pratiquer directement contre les débiteurs de la succession des *saisies-arrêts,* sans recourir à l'entremise de l'héritier? L'affirmative, quoique fort controversée, est la solution la plus accréditée. On a dit, d'une part, que l'héritier bénéficiaire est, dans l'intérêt de tous, chargé par la loi de l'administration et de la liquidation de l'hérédité ; qu'on économise les frais en centralisant les poursuites entre ses mains ; que les droits des créanciers sont suffisamment garantis par la dation d'une caution ou le dépôt des sommes recouvrées, et même par la faculté qui leur appartient de se faire subroger à l'héritier négligent. Dans le sens contraire qui

(1) Duparc-Poullain, t. 4. Principes du droit ; Toullier. t. 4, n° 372 ; Vazeille, sur l'article 803.

nous paraît le plus conforme au vœu de la loi, on répond : le droit de saisir est attribué aux créanciers par une disposition générale (art. 557 C. pr.). Loin que l'acceptation bénéficiaire soit un cas d'exception, on voit que l'art. 808 admet sans restriction l'existence de *créanciers opposants* : ce qui s'entend aussi bien des oppositions entre les mains des débiteurs de la succession qu'en celles de l'hé-itier bénéficiaire lui-même.

L'héritier a des intérêts opposés à ceux des créanciers. Il n'est point leur représentant légal, comme peut l'être le syndic d'une faillite; d'ailleurs, cette qualité de mandataire, subordonnée à toutes les causes de déchéance du bénéfice d'inventaire, serait d'une instabilité fâcheuse et dépendrait de sa seule volonté (1).

L'héritier bénéficiaire fait les actes interruptifs de prescription; il passe bail des biens, ou renouvelle les baux existants, fait les récoltes et ordonne les réparations nécessaires.

Vente du mobilier. — L'héritier bénéficiaire ne peut vendre les meubles de la succession que par le ministère d'un *officier public*, aux *enchères*, et après les *affiches et publications* accoutumées (art. 805). Des formes particulières sont établies par le Code de procédure (art. 643 à 655) pour la vente des rentes constituées sur des particuliers.

(1) Roger, saisie-arrêt, n° 181; Conflans, sur l'art. 803 n° 4; Vazeille sur l'art. 803; Berdeaux, 6 mai 1841; cass. 9 mai 1849.

Quant aux *rentes sur l'Etat*, l'héritier bénéficiaire peut les transférer sans aucune autorisation, si elles sont au-dessous de 50 fr.; au dessus, une autorisation préalable du tribunal est nécessaire pour le transfert, à peine de déchéance du bénéfice d'inventaire. C'est ce qui résulte d'un avis du conseil d'Etat du 11 juin 1808. L'art. 989 C. pr. prescrit les formalités pour la vente du mobilier et des rentes, à peine contre l'héritier bénéficiaire d'être réputé héritier pur et simple. Nous pensons que les formalités légales sont nécessaires non-seulement pour les les effets mobiliers proprement dits, mais pour tous les objets compris dans l'art. 533 du Code civil.

Vente des immeubles. — Les formalités pour la vente des immeubles sont indiquées dans les art. 987 et suivants du Code de procédure. Elle doit être autorisée par justice. Toutefois l'accomplissement de ces formalités n'est pas la condition de la validité de la vente; l'art. 988 prononce seulement la déchéance du bénéfice d'inventaire.

De la caution. — L'héritier bénéficiaire est tenu, si les créanciers ou autres personnes intéressées l'exigent de donner caution bonne et solvable de la valeur du mobilier compris dans l'inventaire et de la portion du prix des immeubles non déléguée aux créanciers hypothécaires; sinon ces meubles sont vendus et le prix est déposé, ainsi que la portion non déléguée du prix des immeubles, pour être employé à l'acquit des charges de la succession.

La caution est reçue suivant les formes prescrites par le Code de procédure (art. 518 et suiv., 992 à 994).

Du compte de bénéfice d'inventaire. — L'héritier bénéficiaire doit rendre compte de son administration aux créanciers et aux légataires. Le compte doit être divisé en recettes et dépenses. Le chapitre des recettes embrasse tout ce que l'héritier a trouvé dans la succession, ou ce qui lui est parvenu à son occasion. Le chapitre des dépenses, tout ce qu'il justifie avoir légitimement déboursé pour les affaires de la succession, tels que frais funéraires, frais de scellés et d'inventaire, droits de mutation, frais d'ordre et de contribution, frais de compte, réparations des biens, etc.

La loi ne fixe aucun délai pour la présentation du compte, l'héritier doit le présenter lorsque les parties intéressées le lui demandent.

D'après l'art. 803 l'héritier bénéficiaire peut être contraint sur ses biens personnels, après avoir été mis en demeure de présenter son compte et faute d'avoir satisfait à cette obligation. Cette mise en demeure n'a pour effet de rendre l'héritier contraignable sur ses biens personnels que vis-à-vis le créancier qui l'a constitué en demeure : elle n'opère pas à l'égard des autres créanciers la déchéance du bénéfice d'inventaire.

Payement aux créanciers et légataires. — Parlons

d'abord des créanciers hypothécaires. L'héritier bénéficiaire est tenu de déléguer le prix des immeubles aux créanciers hypothécaires qui se sont fait connaître (art. 806). Le prix est distribué suivant l'ordre des priviléges et hypothèques. Les créanciers, dit M. Duranton, se font connaître par la notification de leurs inscriptions. Mais cette notification est-elle nécessaire? Nous ne le pensons pas. L'art. 806 peut s'entendre seulement des hypothèques inscrites, sans exiger un autre mode de notoriété que l'inscription.

A l'égard des créanciers non hypothécaires, le prix, soit du mobilier, soit des immeubles, est distribué d'une manière différente, selon qu'il a été formé ou non des oppositions aux mains de l'héritier bénéficiaire. L'art. 808 prévoit deux hypothèses :

1° Il existe des créanciers opposants.

Le prix est distribué par contribution, suivant les formalités indiquées au titre de la *distribution par contribution*, à moins que, maîtres de leurs droits, les créanciers ne s'entendent tous à l'amiable avec l'héritier bénéficiaire.

Lorsque l'héritier a fait des payements au mépris d'une opposition les créanciers non payés ont un recours contre les légataires et contre l'héritier mais peuvent-ils recourir aussi contre les créanciers déjà payés? Nous pensons avec M. Demolombe qu'ils peuvent exercer ce recours. L'art. 809 nous fournit un arrangement *a contrario* qui nous paraît décisif. Dire, en effet, que les créanciers *non opposants* n'ont de recours que contre les *légataires*, c'est dire virtuellement que les créanciérs *opposants* ont un recours contre les créanciers.

2° Il n'existe pas de créanciers opposants.

Les créanciers devront être payés à mesure qu'ils se présentent (art. 808). Les oppositions seules peuvent retarder le payement. Il en résulte que l'héritier peut se payer lui-même. Il conserve, en effet, par le bénéfice d'inventaire, le droit de réclamer ses créances personnelles contre la succession. Il ne devrait donc aucune restitution aux créanciers ou légataires pour le payement qu'il se serait fait à lui-même par acte authentique. Autrement, s'il était forcé d'attendre que toutes les dettes fussent acquittées, il serait exposé à n'être pas payé du tout (1).

L'héritier est entièrement quitte en rendant ses comptes aux créanciers *retardataires*. Ceux qui ne se présentent qu'après l'apurement du compte et le payement du reliquat, n'ont de recours à exercer que contre les légataires. Ce recours se prescrit par trois ans, à compter de l'apurement du compte et du payement du reliquat (art. 809).

Quant aux créanciers qui se présenteraient avant l'apurement du compte ou le payement du reliquat, une question très-délicate s'élève à leur égard. On se demande s'ils n'ont de recours que contre

(1) Duranton, t. 7 p. 33; Vazeolle, art 808, n° 6.

les légataires, ou s'ils peuvent poursuivre et faire réduire les créanciers déjà payés. Nous pensons avec la majorité des auteurs qu'ils ne peuvent exercer aucun recours contre les créanciers.

En ne s'opposant pas, ils ont perdu leurs droits par négligence. C'est la conséquence de la maxime : *Jura vigilantibus succurrunt.*

Un autre principe est encore applicable. Ici tous les créanciers *certant de damno vitando.* Or, *in pari causa melior est conditio possidentis.* Le même principe a été formellement consacré par l'art. 513 du Code de commerce qui, dans le cas de faillite, refuse tout recours contre les répartitions consommées, aux créanciers qui ne se sont pas présentés (1).

§ IV

De la déchéance dv bénéfice d'inventœire

L'héritier bénéficiaire doit administrer la succession conformément aux règles qui lui sont prescrites; sinon il est exposé à devenir héritier pur et simple, et, comme tel, soumis au payement

______

(1) Toullier, t. 4, n° 366 ; Demolombe, t. 3, n° 325 ; Zachariœ, t. 5, p. 202.

de toutes les dettes héréditaires. Cependant, toutes les obligations imposées à l'héritier bénéficiaire ne sont pas telles, que leur inéxécution emporte nécessairement la *déchéance* du bénéfice d'inventaire. La loi a prévu trois causes principales de déchéance : 1° Des actes *d'héritier pur et simple;* — 2° Un *jugement* passé en force de chose jugée qui condamne le successible en cette qualité. — 3° Des faits de *recel* ou de *divertissement*.

1° *Actes d'héritier pur et simple.* — Toutes les fois que l'héritier bénéficiaire fait acte d'héritier, il y a déchéance. Les articles 988, 989 du Code de procédure disposent que l'héritier bénéficiaire sera réputé héritier pur et simple, s'il a fait procéder à la vente, soit des immeubles, soit même du mobilier et des rentes dépendant de la succesion, sans suivre les formes prescrites pour la vente de ces sortes de biens.

Transiger et *compromettre* sont des actes de propriété entraînant déchéance du bénéfice d'inventaire (1).

L'héritier bénéficiaire qui cède ses droits successifs, ne devient pas par cela seul héritier pur et simple. D'après l'article 780, la donation, vente ou transport que fait de ses droits successifs un des cohéritiers..... emporte de sa part acceptation de la succession. Mais cet article est fait pour une autre hypothèse. Il s'agit là d'un héritier qui n'avait

______

(1) Toullier, t. 4, n° 344 ; Malpel; n° 237.

pas encore manifesté l'intention de renoncer ou d'accepter. On le considère comme pur et simple, parce qu'il a disposé des biens de la succession, sans que les créanciers aient pu s'assurer exactement de l'état dans lequel l'héritier les a trouvés, et qu'il leur a ainsi enlevé le gage de leurs créances· — Ici, la cession ne doit causer aucun préjudice aux créanciers; l'héritier eût pû faire exercer ses droits par un fondé de pouvoirs. S'il était décédé, ses héritiers ou ayants cause, les auraient exercés à sa place. Pourquoi non un cessionnaire? Il est le représentant de l'héritier; et si, par hasard il spoliait la succession, les créanciers conserveraient leur action contre l'héritier (1).

Le mineur ne peut-être déchu du bénéfice d'inventaire, par le fait de l'administration de son tuteur et pour un acte qui, de la part d'un héritier majeur entraînerait déchéance; par exemple, une vente sans formalités du mobilier de la succession. Dans ce cas, le tuteur peut être tenu de dommages-intérêts envers les créanciers auxquels, par ses actes, il a porté préjudice (1)

2° — *Condamnation en qualité d'héritier pur et simple.* — L'héritier ne peut plus, selon l'art. 800, se porter héritier bénéficiaire, si un jugement, passé en force de chose jugée, l'a condamné en qualité

(1) Merlin, question de droit, v. Héritier, p. 2; Favard, v. bénéfice d'inventaire; Vazeille, art. 806, n° 3.

(1) Rouen, 30 août 1828.

d'héritier pur et simple. On s'est demandé si un tel jugement peut être invoqué par d'autres que celui au profit duquel il a été rendu, et empêcher, à leur égard, le successible d'accepter bénéficiairement ou de renoncer. Les auteurs et la jurisprudence sont fort divisés sur ce point important qui mérite d'être discuté avec quelques développements.

En général, un jugement n'a l'autorité de la chose jugée, qu'entre les personnes qui y ont été parties. C'est le principe posé par l'art. 1351. Mais l'art. 800 n'a-t-il pas introduit une exception à cette règle? Le doute nait principalement de la discussion qui a eu lieu au conseil d'Etat sur cet article. Le premier projet de la commission fut remplacé d'abord par la disposition suivante : « celui contre lequel un créancier de la succession « a obtenu un jugement même contradictoire, passé « en force de chose jugée, qui le condamne comme « héritier, *n'est réputé héritier en vertu de ce juge-* « *ment qu'à l'égard seulement du créancier qui l'a* « *obtenu.* »

Le principe renfermé dans cette rédaction fut vivement contesté ; d'un autre côté, on fit observer que cette disposition deviendrait inutile, si l'art. 1351 (alors non encore décrété) était adopté. Cette réflexion termina la discussion, et l'on adopta la rédaction actuelle de l'art. 800 (1). Comme le

______

(1). Procès-verbeaux du conseil d'Etat ; Chabot, Traité des successions, sur l'article 800.

conseil d'Etat n'a pas expliqué les motifs de ce changement, chaque opinion cherche à en tirer avantage. M. de Malleville. qui assistait aux débats du conseil d'Etat, ne donne pas d'explication précise ; cependant, il paraît croire que l'art. 800 forme une exception au principe de l'art. 1351. Cette dérogation ne paraît pas douteuse à Merlin, qui ne donne d'ailleurs aucun développement à son opinion. Ceux qui partagent ce sentiment disent, en substance, que la disposition de l'art. 800 est générale et absolue. Si l'héritier n'était déchu du droit d'accepter sous bénéfice d'inventaire, ou de renoncer qu'à l'égard du seul créancier qui l'aurait fait condamner comme héritier pur et simple, il en résulterait que la même personne pourrait être dans la même succession, héritier pur et simple et héritier bénéficiaire ; ce qui est impossible, parce que la qualité d'héritier est indivisible. Quand un tribunal condamne un individu comme héritier, c'est parce qu'il reconnaît qu'il a fait *acte* d'héritier ; or, cet acte, ainsi déclaré par la justice, doit demeurer constant envers toutes personnes (1).

Cette opinion ne saurait être la nôtre. D'abord, il nous paraît clairement résulter de la discussion au conseil d'Etat que l'article proposé ne fût pas retranché, parce qu'on en aurait désapprouvé la doctrine, mais uniquement par le motif que sa

(1). Merlin, questions de droit, v. héritier ; Malleville, t. 2. p. 261.

disposition rentrait dans celle de l'art. 1351. C'est, en effet, sur cette observation que la discussion fut close. Si l'on eût voulu apporter une exception au sage et immuable principe que consacre l'art. 1351, on n'eût pas manqué d'insérer dans l'art. 800, une disposition explicite, d'autant plus que cette dérogation se serait éloignée de l'opinion le plus communément reçue dans l'ancienne jurisprudence, et notamment de la doctrine formelle de Pothier (1); or, c'est ce qu'on n'a pas fait : l'article est, au contraire, conçu dans des termes qui le laissent en parfaite harmonie avec la règle générale ; il porte que l'héritier ne pourra pas renoncer à la succession lorsqu'un jugement passé en force de chose jugée lui aura attribué la qualité d'héritier ; or, suivant l'art. 1351, confirmatif, à cet égard, d'une maxime éternelle, un jugement ne peut obtenir l'autorité de la chose jugée, qu'en faveur de la partie qui l'a obtenu.

On voudrait que le jugement qui déclare un individu héritier, pût être invoqué par tout le monde, comme l'acte par lequel cet individu à appréhendé la succession et s'est porté héritier, mais il n'y a aucune analogie. L'acte qu'on prétend attributif de la qualité d'héritier, est un fait dont toute personne intéressée doit naturellement avoir le droit de tirer avantage ; tandis qu'un jugement qui prononce sur ce fait et en détermine les con-

(1). Pothier, Traité des successions, ch. 3, sect. 5.

séquences est un acte dont la loi a pris soin de restreindre les effets aux parties entre lesquelles il a été rendu.

Quant à l'argument qu'on tire de l'indivisibilité de la qualité d'héritier, sans doute, en abstraction, il est difficile de comprendre qu'un individu soit et ne soit pas héritier. Cependant, on admet parfaitement qu'en matière d'état civil, les jugements ne peuvent être opposés à ceux des membres de la famille qui n'y ont pas figuré. C'est que la chose jugée n'est pas essentiellement la vérité ; elle n'en tient lieu que par l'effet d'une présomption légale qui n'enchaîne que les parties entre lesquelles le jugement a été rendu, et qui ne peut être étendu aux tiers. D'ailleurs, la force même des choses conduit à décider que le jugement attributif de la qualité d'héritier vis-à-vis d'un créancier, ne peut avoir l'autorité de la chose jugée en faveur de tous les autres. Supposons, ce qui n'a rien d'invraisemblable, que la même personne se trouve avoir à contester devant deux tribunaux différents, la qualité d'héritier qu'on lui attribue, et que ces deux tribunaux, simultanément saisis de la question, la résolvent en sens contraire, chacun de ces deux jugements opposés et indépendants, devra nécessairement recevoir son exécution ; car auquel donner la préférence ? Cette contrariété possible est fâcheuse, mais ne serait-ce pas un plus grand mal, qu'une erreur qui pourrait être le fruit de la négligence ou d'une collusion coupable eût le privilége de se perpétuer et de disposer de la fortune de tierces personnes, à l'insu desquelles aurait été rendu le jugement qui l'a consacré. Aussi, Chabot, après avoir exposé avec un soin minutieux les arguments qui militent en faveur de chaque système, à fini par abandonner l'opinion que nous combattons et qu'il avait soutenue avec beaucoup de vivacité. On peut voir également la dissertation de Toullier où il détruit avec une rare puissance de dialectique l'objection de l'indivisibilité dont on abuse si souvent en matière de chose jugée (1).

3° *Recel ou divertissement.* — L'héritier qui s'est rendu coupable de recel, ou qui a omis sciemment et de mauvaise foi de comprendre dans l'inventaire des effets de la succession, est, dit l'art. 801, déchu du bénéfice d'inventaire. L'art. 792 se sert des mots « *diverti ou recelé* ; » l'art, 800 doit s'entendre de même, quoique la loi ne se soit pas exprimée de a même manière. Le divertissement résulte ici de l'omission frauduleuse dans l'inventaire.

Les faits qui constituent le recel ou l'omission de mauvaise foi dans l'inventaire, sont entièrement abandonnés à la prudence du juge.

(1). Chabot, sur l'art. 800 ; Toullier, t. 10, n° 234 et 235 ; Delvincourt, t. 2, p. 31 ; Demolombe, t. 3, n° 152 ; Rodière, t. 1, p. 185. — Limoges, 16 juin 1838 ; Paris, 18 juin 1840 ; Toulouse, 28 avril 1841.

DROIT COMMERCIAL

DES FORMES DE LA LETTRE DE CHANGE

(Art. 110 à 114, C. comm).

La lettre de change est une des productions de l'esprit humain les plus fertiles en conséquences. Elle touche au crédit des nations par les banques. Tout le monde connait, en effet, la liaison intime qui existe entre la lettre de change et le billet de banque.

Il est donc intéressant de rechercher à quelle époque a été inventée la lettre de change, ce type du papier commercial, dont les autres ne sont que les dérivés.

CHAPITRE PREMIER

ORIGINE DE LA LETTRE DE CHANGE

Il est peu d'institutions dont les origines soient enveloppées de plus de mystère. Historiens, économistes, jurisconsultes, publicistes, tous avec une égale ardeur, ont interrogé le moyen âge et l'antiquité ; et de toutes ces patientes et laborieuses recherches ont surgi différents systèmes.

D'après Dupont de Nemours (1), les peuples de l'antiquité auraient connu la lettre de change. Elle aurait été mise en pratique à Tyr, à Carthage, à Athènes, à Alexandrie. M. de Koutorga (2), professeur d'histoire à l'université de Saint-Pétersbourg, a soutenu que les banquiers de la Grèce eurent les premiers l'idée des lettres de change. M. Demangeat (3) affirme que le contrat de change

(1) Dupont de Nemours, de la banque de France. p. 9.

(2). Trav. de l'académie des sciences morales et politiques, t. 50, p. 231.

(3). De la lettre de change, préliminaires p. 9.

était usité à Rome. La plupart des historiens et des jurisconsultes français en attribuent l'invention aux Juifs. L'un d'eux, M. Malapert a cru même en voir une trace dans le passage de l'Ancien Testament relatif à Tobie et à Gabelus.

Notre cadre ne nous permet pas de discuter ces différents systèmes. Nous nous contenterons d'exposer celui qui nous parait le plus vraisemblable.

Au douzième siècle le régime féodal écrasait l'Europe. L'Allemagne était morcelée en nne infinité de principautés rivales. L'Italie se débattait dans les dissensions intestines. La France était partagée en souverainetés subdivisées elles-mêmes en un nombre considérable de seigneuries. Une foule de petits tyrans percevaient dans leurs territoires des droits exorbitants sur les marchandises ; le négoce intérieur, harcelé par les seigneurs, n'était devenu possible qu'aux juifs et aux aventuriers. Pour traverser l'Europe occidentale il fallait se réunir en caravane pour défendre à chaque instant sa vie et ses marchandises contre celui dont le donjon dominait un défilé ou le gué d'une rivière. « Alors, « disait Duveyrier au Corps législatif, on marchait « au commerce comme aux conquêtes (1). »

Cependant quelques princes dotèrent de franchises communales certaines villes de leurs états. Des hommes de tous pays se réunirent dans ces lieux de sauvegarde et de paix, et formèrent une

(1). Duveyrier, Discours prononcé le 11 septembre 1807 au corps législatif.

population paisible et active au milieu de la ruine
et de la dévastation. Les sonverains veillèrent à la
sûreté de ceux qui se rendaient dans ces villes fa-
vorisées. Ainsi naquirent ces foires célèbres du
moyen âge, restées florissantes jusqu'à nos jours.
Les transactions y étaient nombreuses. Une partie
consistait en troc de marchandises, mais le reste
était vendu et payé en monnaie. Or la monnaie a
deux valeurs : l'une intrinsèque, l'autre légale.
L'or et l'argent sont des marchandises soumises
aux lois de l'offre et de la demande et qui ne valent
que ce qu'elles peuvent acheter. La valeure intrinsèque de la monnaie est donc sa valeur échan-
geable. La valeur légale est celle que déterminent
les lois d'un pays. Or on comprend les difficultés
sans nombre occasionnées dans les négociations par
cette variété de valeurs légales, en présence du
morcellement de l'Europe au moyen âge. Quelle
monnaie le négociant allant à ces foires devait-il
apporter? Comment voudrait-il être payé ? Si on
ajoute à ces inconvénients le déplorable abus de
l'altération des monnaies alors très-fréquent en
Europe, on peut se rendre un compte exact de la
perturbation jetée dans les affaires. La première
idée qui se présenta fut de réduire la valeur légale
à la valeur intrinsèque, c'est-à-dire de démonétiser
et de payer en lingots. Ce moyen fut mis fréquemment en usage, mais il était périlleux. Les rois et
les princes, imbus de fausses idées économiques,
faisaient consister la richesse d'un pays dans la

possession du numéraire et prohibaient sévèrement l'exportation des métaux précieux (1).

D'un autre côté, l'église défendait le prêt à intérêt.

Le commerce était donc en présence d'immenses embarras. Il ne pouvait ni transporter avec sécurité son numéraire ou ses lingots, ni solder en métaux précieux ses marchandises au dehors, ni tirer un revenu de ses capitaux. Le mal était extrême.

Alors surgit la plus belle institution qu'ait enfantée le génie commercial. C'est pour tromper l'Eglise et les princes du moyen âge qu'on inventa la lettre de change. Elle apparut en Italie vers le milieu du XIIe siècle, là précisément où les prohibitions étaient les plus sévères (1). Le commerce inventa d'abord le contrat dit *implicite* où le prêteur jouait fictivement le rôle d'associé de son débiteur. C'était une commandite fictive dans laquelle le créancier pouvait avec sécurité percevoir les intérêts du capital prêté. On établit des sociétés pour *girer* ou *virer* les fonds d'une place à l'autre. C'était un acheminement vers la lettre de change. Un dernier pas fut vite fait. On pouvait par des fictions ruser avec les lois ; mais, les fictions n'opérant qu'en droit et non en fait, restait toujours la difficulté matérielle d'exporter les métaux précieux, et de les faire circuler librement. Alors se montra le génie de

(1). Mareschal, traité des changes et réchanges, p. 5 ; — — J. B. Say ; cours d'économie politique, t. 1, ch. 2.
(1). Raphael de Turri, disp. 1e question 3.

l'homme aux prises avec les difficultés. Il y avait
alors en Italie une corporation puissante de chan-
geurs : les *campsores*. Ils changeaient la monnaie
d'un pays contre celle d'un autre, et ils étaient devenus les auxiliaires indispensables du commerce.
Les *campsores* procédèrent de la manière suivante.
Ils reçurent en dépôt les fonds des commerçants et
se chargèrent, à mesure qu'ils en auraient l'ordre,
et au moyen de lettres adressées à leurs correspon-
dants, de fournir aux déposants les sommes nécessaires pour solder à l'étranger leurs marchandises
dans la ville même où devait s'effectuer le payement,
en monnaie du pays. La lettre de change était
trouvée : Le commerce vit tout de suite le grand
intérêt qu'il devait retirer de cette combinaison, et
s'empressa de verser entre les mains de ces nova-
teurs les fonds à remettre à l'étranger, se conten-
tant de recevoir des banquiers des lettres, mandats
ou rescriptions comme équivalents de la monnaie.
Cette situation nouvelle engendra un nouveau contrat qu'on appela *cambium* ou contrat de change.

CHAPITRE II

DU CONTRAT DE CHANGE

La lettre de change est l'exécution d'un contrat primitif dont elle suppose nécessairement l'existence. Ce contrat est le contrat de change qu'il ne faut pas confondre avec l'instrument à l'aide duquel il est réalisé. On peut le définir un contrat commutatif dont le résultat principal est une cession ou transport à une personne désignée ou à ses ayant-droit, d'une somme d'argent payable en un autre lieu, en échange de pareille somme, ou de sa valeur, donnée par celui au profit duquel il est fait. C'est un contrat particulier qui a ses règles propres, mais autour duquel peuvent se grouper d'autres contrats. Ainsi, entre tireurs et bénéficiaires il y a contrat de vente ou d'échange ; entre le tireur et le tiré, un mandat ; entre le porteur et le donneur d'aval un cautionnement solidaire.

La matière du contrat de change étant une

somme à payer, il s'agit de faire trouver cette somme dans un lieu déterminé autre que celui où se fait la convention. On y parvient de la manière suivante. Les relations commerciales qui existent entre différentes places amènent entre elles des engagements réciproques. A Paris, par exemple, un certain nombre de commerçants sont créanciers de sommes qui leur sont dues à Bordeaux : et à l'inverse des commerçants de Bordeaux ont à recevoir des sommes qui leur sont dues par des habitants de Paris. Pour arriver à l'exécution de leurs engagements respectifs, il faudrait, si le contrat de change n'existait pas, que les débiteurs de Paris fissent transporter à Bordeaux les fonds qu'ils sont tenus d'y envoyer, et réciproquement. On conçoit dès lors quel avantage immense il y a pour les négociants à obtenir par une fiction le résultat auquel les conduirait l'exécution matérielle de leurs engagements. Cette fiction consiste en ce que les débiteurs de Paris, au lieu d'envoyer à Bordeaux l'argent qu'ils doivent aux négociants de cette ville, font remettre aux créanciers de ces derniers, à Paris, l'argent que Bordeaux devrait envoyer à Paris. Il s'établit ainsi une sorte de compensation entre la généralité des dettes et des créances des deux villes. Ainsi en supposant que Paris eût 100.000 francs à faire remettre à Bordeaux, qui, de son côté, est tenu d'envoyer 90.000 francs à Paris, cette dernière ville ne devra effectuer le transport que de 10.000 francs, les 90.000 francs restants étant payés par sa créance sur Bordeaux. La difficulté est de connaître approximativement la quantité d'actif et de passif qui règle le rapport de deux places. Le prix à fournir par ceux qui ont a faire payer est plus ou moins élevé suivant que le lieu du paiement est débiteur de sommes inférieures ou supérieures à celles dont il est créancier. En d'autres termes, la valeur du papier d'une place sur l'autre, ou le *prix du change* hausse ou baisse proportionnellement à la valeur des créances à recouvrer et des dettes à acquitter. En conséquence, le prix du change de Paris sur Bordeaux sera d'autant plus élevé que Bordeaux aura moins de dettes envers Paris; à l'inverse, dans cette hypothèse, le papier de Bordeaux sur Paris sera moins élevé, puisque les paiements à faire opérer à Paris par les Bordelais ne nécessiteront aucun envoi de fonds. Si Paris a plus de créances sur Bordeaux que Bordeaux sur Paris, on payera moins cher à Paris le papier payable à Bordeaux qu'on ne payera à Bordeaux le papier payable à Paris. Si la balance est à peu près égale entre les deux places, il n'y a pas de prix de change à fournir. On dit alors que le change est *au pair* (1).

Le change est *haut* quand on paye le papier d'une place sur l'autre plus que celui de cette dernière place sur la première ; il est *bas* dans l'hypothèse inverse.

____

(1) Pardessus, Cours de droit comm. t. 2.

Quand l'opération se fait entre deux villes de pays différents, les éléments du cours du change sont plus compliqués. Il faut tenir compte de la différence qui existe entre la valeur intrinsèque des monnaies des deux pays. Le cours du change hausse ou baisse suivant que le numéraire du lieu où la créance est payable a une valeur intrinsèque supérieure ou inférieure à celle de l'autre pays. On dit que le change est *au pair* entre deux pays, lorsque pour 100 onces d'argent données dans l'un on reçoit dans l'autre 100 onces d'argent au même titre et au même poids. Mais ce langage n'est pas parfaitement exact. Le *pair* absolu est toujours une quantité inconnue. Les banquiers se bornent à connaître le *cours moyen*, cours dont ils ont le chiffre d'après la masse habituelle des importations et des exportations respectives, et des opérations financières, alors qu'elles ont quelque mouvement régulier.

Il arrive quelquefois que celui qui veut se procurer du papier d'une place sur une autre emploie l'entremise d'une troisième place. Dans ce cas il y a lieu à une opération connue sous le nom *d'arbitrage*, et au moyen de laquelle on apprécie quelle est la place qui peut offrir les conditions les plus avantageuses. Supposons, par exemple, un Hollandais qui veut obtenir en Hollande un paiement de sommes qu'il a à toucher en Irlande, et que le prix du change de l'Irlande sur la Hollande soit supérieur au prix du change d'une traite d'Irlande sur Londres, et d'une nouvelle traite de Londres sur la

Hollande, le Hollandais aura plus d'avantage a faire cette double opération qu'à accepter une traite directe sur la Hollande.

CHAPITRE III

FORMES DE LA LETTRE DE CHANGE

Une fois les consentements réciproques donnés, le contrat de change est parfait. L'éxécution s'opère au moyen de la livraison de la lettre de change. Une lettre de change est donc un acte par lequel une personne s'oblige à faire payer à une autre personne ou à celle qui exerce ses droits, dans un lieu déterminé, une certaine somme dont elle a reçu la valeur. Lors de l'acceptation, il intervient au contrat un obligé de plus qui prend l'engagement de payer conformément au mandat qu'il en a reçu.

Celui qui fournit la lettre de change s'appelle *tireur*. Celui sur qui elle est fournie s'appelle *tiré*, et *accepteur* lorsque la lettre lui a été présentée et qu'il l'a révêtue de son acceptation. On nomme *preneur* ou *bénéficiaire* celui au profit duquel la lettre est tirée : s'il a fourni la valeur, il est *donneur de valeur*. L'*endosseur* est celui qui transmet la lettre de change à un tiers par un endos, ou acte mis ordinairement sur le dos de l'effet, et qui, au moyen de certaines formalités, opère une cession du titre; de là lui est aussi venu le nom de *cédant*. Le *porteur* est le possesseur actuel de l'effet.

La lettre de change doit être faite sur papier timbré. Le droit de timbre est de cinq centimes, si la somme n'excède pas 100 francs, et de cinq centimes en plus pour chaque cent francs ou fraction de cent francs. La sanction de la loi est double. Le porteur qui présente en justice une lettre de change non timbrée est déchu de tout recours contre les endosseurs et contre le tireur. En outre le porteur, le tireur et le tiré sont passibles solidairement d'une amende égalant pour chacun le six pour cent du montant de la lettre.

La lettre de change est soumise à un droit d'enregistrement de vingt-cinq centimes pour cent, lorsqu'elle est protestée, faute d'acceptation ou de paiement.

L'article 110 du code de commerce énumère les nombreuses formalités exigées pour la lettre de **change.**

Nous diviserons ce que nous avons à dire à ce sujet en paragraphes calqués sur les dispositions **mêmes de la loi.**

§ I.

Nécessité de la remise d'un lieu sur un autre.

La remise d'un lieu sur un autre est la première condition exigée par la loi. L'ordonnance de 1673 n'exigeait pas cette énonciation, mais une jurisprudence constante en avait fait une formalité substantielle. Avant le code on exprimait la nécessité de la remise d'un lieu sur un autre par l'expression : *remise de place en place*. L'interprétation de ces mots soulevait des difficultés. On soutenait qu'il fallait que la traite fut tirée d'une place de commerce sur une autre place de commerce; le mot *place* signifiant, dans le langage des négociants, le lieu où se fait le négoce d'argent (1).

Le tribunal de Laigle, dans ses observations sur le projet du code souleva cette question et proposa d'exiger la remise d'une place de commerce sur une autre, mais Locré nous apprend que cette proposition fut repoussée par le conseil d'État, par ce motif que la lettre de change est utile à d'autres qu'aux négociants. L'article 110 se servit donc de l'expression plus large, *remise d'un lieu* sur un autre.

(1) Rousseau de Lacombe, V° lettre de change; — Salviat, jurisprudence du parlement de Bordeaux, p. 35.

Cependant, par une inadvertance échappée aux auteurs de la loi, l'article 632 a reproduit les mots remise *de place en place*, et ranimé à son insu une controverse qui n'a plus sa raison d'être, en présence des travaux préparatoires du code, de la discussion de l'article 110, et surtout en face de l'extension et des nécessités du commerce moderne.

Quelle distance doit-il exister entre le lieu où une lettre est tirée et celui où elle est payable? cette question est délicate; si l'on consulte la jurisprudence de la cour de cassation il semble qu'elle veut au moins la remise d'une commune sur une autre. Cependant rien de bien formel sur ce point. C'est une question de fait laissée à l'appréciation du juge qui devra s'inspirer des nécessités commerciales. Une interprétation très-large doit être donnée à ces termes *tiré d'un lieu sur un autre*. Ainsi l'entend la pratique, et l'on trouve dans la circulation des lettres de change qui ne réunissent pas la condition de la remise d'une commune sur une autre qui n'est pas formellement exigée par la cour de cassation, mais vers laquelle tend sa jurisprudence.

Cette formalité de la remise d'un lieu sur un autre a été vivement critiquée, et non sans raison. Le tribunat, dès le principe, avait fait entendre des observations pleines de justesse et s'élevait avec énergie contre cette nécessité. Depuis l'opinion du tribunat a été reprise par des savants étrangers. En

Angleterre cette formalité n'est pas requise (1). Le commerce anglais se sert peu d'argent; il fait au moyen du papier un commerce prodigieux. La loi allemande n'exige pas davantage que la lettre de change soit tirée d'un lieu sur un autre. Il en est de même aux États-Unis. Nous faisons donc des vœux pour que cette formalité, d'ailleurs si aisément éludée, disparaisse.

§ II

Date de la lettre de change.

La lettre de change doit être datée, à peine de nullité. Cette nullité s'applique non pas à l'obligation, mais à la traite qui devient simple promesse. La nécessité de la date est utile à la constatation de plusieurs faits importants. En effet, si une personne souscrit une lettre de change pendant sa minorité ou son interdiction, la date prouvera son incapacité à l'époque de la création du titre. Si un négociant, sur le point de tomber en faillite tire des lettres de change, la date, en indiquant l'époque de l'émission, l'empêchera de frustrer ses créanciers d'une partie de leur gage. Enfin, elle est in-

______

(1) Carey, Rev. étrang. ét française, t. 2, p. 310.

dispensable dans la cas où la traite est à une où plusieurs usances, à un ou plusieurs mois, à un ou plusieurs jours de date.

L'article 139 du code de commerce prévoit le cas de l'antidate dans les endossements, et l'article 147 du code pénal sanctionne cette disposition. On s'est demandé si l'article 139 était applicable aux anti dates de la lettre elle-même. Nous ne le pensons pas. Ce que poursuit le législateur dans cet article, c'est une fraude aisée à commettre si l'endossement antidaté peut être pratiqué. Rien de plus facile à un porteur ayant cessé ses paiements ou à la veille d'une faillite, de soustraire ses effets à ses créanciers; il n'aura qu'à les passer à l'ordre d'un tiers son complice, ou d'un créancier favorisé. Voilà ce que défend la loi, mais comment étendre à la lettre elle-même ces rigueurs, alors que la différence avec l'endossement est frappante. Le commerçant qui crée une lettre de change lui donne la valeur que peut lui faire acquérir sa signature; et, si elle ne vaut rien, la lettre, n'en ayant aucune, ne trouvera pas de preneur. Il n'est pas permis de suppléer au silence de la loi par des analogies. D'ailleurs l'article 139 a été copié sur l'ordonnance de 1673. Or, sous cette législation, la lettre de change n'avait pas besoin d'être datée; dès lors la pénalité édictée ne visait pas la date de la lettre elle-même; elle ne s'appliquait donc qu'à l'antidate des ordres, et telle doit être encore aujourd'hui l'interprétation de ce texte,

Cette disposition de la loi est rarement appliquée même dans l'anti-date des ordres. Ces sortes de faux sont très-fréquents dans la pratique à cause des endossements en blanc devenus aujourd'hui nécessaires. La banque de France se réserve le droit d'accepter ou de refuser le papier qu'on lui présente à l'escompte. Il faut qu'elle connaisse la signature du tireur, et comme ce dernier ignore si la valeur sera acceptée, il ne met que son nom au dos de l'effet sans le passer à l'ordre de la banque. Le principal établissement financier donnant l'exemple, la pratique l'a suivi avec empressement parce que l'endossement en blanc répond à un besoin de notre époque.

La lettre de change fait foi de sa date; mais comme elle n'est pas un acte authentique, elle n'en fait pas foi jusqu'à inscription de faux (1).

§ 3

Enonciation de la somme à payer.

Cette condition se justifie d'elle-même, c'est une mesure de prudence de mettre en toute lettres, dans le corps de la lettre de change, la somme à payer ;

______

(1) Alauzet, comm. du Code de commerce, t. 2 n° 781, Bonnier, Traité des preuves, 571.

mais on n'a pas cru nécessaire de l'ordonner à peine de nullité.

Que décider, si la traite porte l'indication, en toutes lettres, dans le corps de l'effet d'une somme différente de celle écrite en chiffres dans le bon? A quelle expression faudra-t-il ajouter foi? L'article 1327 du Code civil dit qu'il faut ajouter foi à la somme moindre, alors même que le *bon* est écrit en entier de la main de celui qui s'est obligé. Cette solution ne peut s'appliquer à la lettre de change, et sur ce point la loi commerciale est muette. Il faut préférer selon nous l'énonciation écrite en lettres dans le corps du titre. C'est sur elle qu'à dû se porter toute l'attention du souscripteur, et il n'est pas présumable qu'il ait commis une erreur grossière, alors que chaque mot lui rappelle son engagement. Les chiffres au contraire peuvent être facilement altérés : avec eux, les erreurs sont fréquentes (1).

§ 4

Mention du nom de celui qui doit payer

La lettre de change doit contenir le nom du tiré. Ordinairement cette indication se met au bas de la lettre, sous forme d'adresse, ainsi qu'il suit :

(1) Vincent, Examen critique du Code de commerce, t. 2, p. 71.

À M. ***, à Bordeaux.

On peut indiquer aussi un *domiciliataire*, au domicile duquel la lettre de change sera payée, si on prévoit que le tiré ne sera pas chez lui au jour de l'échéance; ou des tirés *subsidiaires*, si l'on craint que le tiré principal ne puisse payer. On met alors :

*Recommandé aux bons soins de M. ***.*

Ou bien :

*Au besoin à M. ***.*

Ces tirés subsidiaires prennent le nom de *recommandataires* ou *besoins*.

Il peut se faire que le tiré soit mal désigné dans la lettre, ou même que son nom soit omis. Cette irrégularité sera-t-elle couverte par l'acceptation? Non, puisque la lettre de change n'a jamais existé. On ne peut valider que l'acte qui a déjà pris naissance, mais cette acceptation lui donnera le jour. Celui qui accepte, ne pouvant plus retirer son acceptation devient obligé principal et tiré.

Ici se place une question des plus controversées. Le tireur peut-il se désigner lui même pour le paiement de la lettre de change? Peut-il être tireur et tiré à la fois? Autrement dit, pourrait-il formuler ainsi une lettre de change?

Paris, le 1 Janvier 1873   B. P. fr. 1,000.

Au premier Février, payez par cette première lettre de change à M. Jean ou à son ordre la somme de mille francs que passerez sans autre avis.

Bon pour mille francs.

Jacques.

— 62 —

A M. Jacques, négociant,
  à Bordeaux.

Pothier faisait une distinction (1) : les billets entre marchands donnent au propriétaire les mêmes
droits que la lettre de change; entre autres personnes, ce n'est pas un acte de commerce; on doit les
assimiler à des billets à ordre. Le législateur moderne semble avoir voulu consacrer la doctrine de
Pothier. « Les billets à domicile, dit notamment
« M. Jaubert, sont de véritables billets à ordre qui
» ne se distinguent des autres qu'en ce qu'ils sont
» payables dans un lieu différent de celui où ils ont
» été faits : on doit donc pour rentrer dans la déci-
» sion du conseil d'Etat retrancher tout ce qui ten-
» drait à assimiler les billets à domicile à la lettre
» de change. » Un grand nombre d'auteurs et d'arrêts se sont rangés à cet avis. Selon eux, il n'y a
dans un acte ainsi redigé que les apparences de la
lettre de change. En effet, le devoir du tireur est
de fournir la provision au tiré, et le droit du porteur est d'avoir, outre le tireur, le tiré pour obligé
direct et solidaire. Ces devoirs et ces droits seraient
annihilés si le tireur pouvait réunir les qualités de
tireur et de tiré. D'ailleurs le tiré n'est qu'un mandataire; comment pourrait-il se donner mandat à
lui-même? (1)

(1) Pothier, Contrat de change, n° 215.
(1) Locré, t. 1, p. 55. Favard de Langlade, V° billet à
domicile; Toulouse 22 juillet 1825; Bordeaux, 5 mai 1835;
cass. 1851.

D'autres jurisconsultes et d'autres arrêts affirment au contraire qu'on doit considérer de tels effets comme des lettres de change. C'est la doctrine que nous adoptons.

L'erreur de l'opinion que nous combattons vient de ce qu'elle considère la lettre de change comme un mandat. Cette manière de voir, vraie au moyen-âge, est manifestement erronée depuis l'introduction de la clause à ordre dans la formule de la lettre de change. Elle n'est plus un mandat ; le tiré n'intervient aujourd'hui que pour assurer la réalisation du papier jusqu'à son acceptation. Le tireur est seul obligé. En effet, toute personne peut donner une lettre de change sur un banquier ; mais, comme à la présentation du titre à l'acceptation, le tiré peut refuser sa signature s'il n'a ni fonds ni ordre, on restera en présence du tireur. Donc *ab initio* on ne considère que la personne du tireur ; c'est la partie *sine qua non* de la lettre de change. Si le tireur joue le rôle principal, pourquoi lui refuser le droit d'être tireur et tiré à la fois, pourvu qu'il y ait la remise d'un lieu sur un autre ? Ne vaut-il pas mieux avoir à toucher les fonds au domicile même du tireur que chez un tiré inconnu ? on est bien plus sûr de la réalisation du papier à l'échéance.

Que demande l'article 110 pour la validité de la lettre de change ? Exige-t-il le concours de trois personnes ? Non : il veut que la lettre porte le *nom de celui qui doit payer*, et celui du *donneur de valeur* ; il n'ordonne pas que le payeur soit nécessairement une autre personne que le créateur du papier. (1)

En rapprochant du reste l'article 12 de l'ordonnance de 1673 des articles 110 et 632 du Code de Commerce, on reste convaincu que la volonté du législateur a toujours été d'accorder le titre de lettre de change à l'effet qui constate la remise d'un lieu sur un autre, sans s'inquiéter s'il y a ou non le concours de trois personnes.

Les partisans du système opposé admettent qu'un commerçant, possesseur deplusieurs établissements dans diverses villes, peut tirer d'une maison sur l'autre; c'est bien tirer sur soi-même, puisque ces maisons appartiennent à la même raison sociale. Et cependant les auteurs et les arrêts déclarent la lettre de change valable. N'y a-t-il pas là une contradiction?

On comprend l'importance qui s'attache à cette controverse. Si le billet à domicile n'est pas assimilé à une lettre de change, on doit dire que la contrefaçon d'un billet à domicile par un non-commerçant constitue un faux en écriture privée, et non un faux en écriture de commerce. De même la prescription quinquennale ne pourrait être invoquée contre le porteur, etc.

(1) Fremery, étud. de Dr. comm. p. 98. Thierret, Revue de législation, t. 10, p. 494 ; Nouguier, t. 1, p. 528 ; Rouen, 11 mai 1843 ; Grenoble, 14 décembre 1847 ; Bordeaux, 20 août 1844,

V

Indication de l'époque et du lieu du paiement.

La lettre de change doit contenir une échéance.
Cette échéance doit être certaine. On ne pourrait
donc pas la faire dépendre d'un événement incer-
tain quant à son époque quoique certain dans sa
réalisation. Si la lettre de change n'indique aucune
époque pour le paiement sera-t-elle considérée
comme lettre de change? Certains auteurs soutien-
nent que dans ce cas, la traite est payable à présentation. L'opinion contraire est plus juridique.

Déclarer que cette lettre de change devient un
effet à présentation, c'est violer la règle qui veut
que cette clause soit indiquée expressément sur le
papier lui-même. Il faut donc voir, dans un pareil
titre une simple promesse mais cette omission peut-
elle être réparée par l'acceptation indiquant le payement pour une époque ultérieure? Nous ne le pensons pas; c'est le tireur qui doit indiquer l'époque
du paiement et non le tiré.

En Angleterre on ne considère pas la traite comme nulle quand l'époque du paiement n'est pas
indiquée sur le papier : l'effet commercial devient

alors inmédiatement exigible. C'est ce qu'on appelle
la lettre de change à *Demand*. (1)

En France on énonce l'époque du paiement de
diverses maniéres enumérées dans l'article 129 du
Code de commerce. Ces diverses maniéres peuvent
se réduire à deux : la lettre de change est à jour
déterminé ou *indéterminé*.

Elle est à jour *déterminé*, quand l'époque du
paiement est exprimée par un quantième, quand
elle l'est par un certain délai qui court de la date ;
enfin, quand elle est en foire.

La première manière est la plus usitée ; elle se
formule ainsi : *An trente Juin prochain, payez*, etc.

La seconde manière est très utile et est aussi très
employée, quand on veut tirer une lettre de change
à l'étranger. On peut ignorer la manière de compter
les jours d'un pays, et on évite des difficultés en
formulant comme il suit : *A un mois de date.
payez* ; ou bien : *A deux usances, payez*, etc.

L'usance varie selon les pays. En France, elle
consiste en un délai de trente jours, et diffère du
mois en ce qu'elle est toujours invariable. Il faut
compter les mois de quantième à quantième. Lorsque l'échéance tombe un jour férié, la lettre est
payable la ville, mais le protêt ne peut être fait
que le lendemain.

Le troisième cas où l'échéance peut être consi-
derée comme à jour fixe, c'est quand elle est

(1) Colfavru, le Droit commercial comparé de la France
et de l'Angleterre, pages 236 et 237.

payable en foire. Le Code de commerce se conformant à d'anciens usages a décidé que la lettre de change serait échue le jour de la foire, si elle ne dure qu'un jour, et la veille du jour de la clôture, si elle se prolonge plusieurs jours. (art. 133)

Ces lettres de change, autrefois fort nombreuses et fort utiles, sont aujourd'hui assez rares, et il serait à désirer que cette exception disparût du Code, en faveur d'une plus grande unité legislative. Elle n'a plus sa raison d'être.

La lettre de change est payable à un jour *indéterminé* dans deux hypothèses: lorsque l'effet est payable à vue ou à un certain délai de vue. L'article 130 dit : « la lettre de change à vue est pa- » yable à présentation »; ce qui revient à dire : la lettre de change à vue, est payable à vue, et parait une banalité. Sans doute, le législateur a voulu dire qu'en matière de lettre de change le tribunaux consulaires ne pouvaient accorder aucun délai, l'article 1900 du Code civil étant inapplicable en pareille matière. La loi anglaise accorde au contraire un délai pour le paiement des lettres de change à vue; il est de trois jours.

Dans une lettre de change à jour indéterminé, l'échéance dépend de la présentation du titre, fait qui est potestatif de la part du porteur. Pour rendre certaine l'échéance de la part du tiré, il faut présenter l'effet au visa. Si le tiré accorde le visa, il doit le dater. S'il refuse, un huissier constatera le refus, et son procés verbal, qui n'est pas un protêt équivaudra au visa. (1)

Le porteur d'une lettre de change à vue, ou à un ou plusieurs jours de vue, peut demeurer longtemps nanti du titre sans le présenter au visa du tiré. Les signatures du tireur et des endosseurs restent entre ses mains et pourraient s'y éterniser, si le législateur n'avait porté remède à cet état plein d'incertitude. La lettre doit être présentée au tiré dans les trois mois : ce délai expiré, le créancier est forclos. Le délai était de six mois, avant la loi du 3 mai 1862. Il varie selon les lieux d'où la lettre est tirée. (art 160).

La lettre de change doit indiquer aussi le lieu du paiement. Le plus souvent l'indication est faite implicitement par l'énonciation du nom et de la demeure du tiré. Mais quand le paiement doit être fait hors du domicile du tiré, la lettre indique l'endroit où le porteur devra se présenter. Dans certains cas, le lieu du paiement n'est désigné que par l'acceptation.

§ VI

Expression de la valeur fournie.

Il ne peut y avoir de contrat de change sans valeur fournie, puisque c'est en remplacement de

____

(1) Bedarride, de la lettre de change, t. 1, n° 220.

cette valeur donnée en un lieu que l'on s'oblige á en faire compter une équivalente dans un autre lieu. La loi exige que la lettre de change contienne l'indication de la valeur fournie. (art. 110). Elle ne se contente pas d'une énontiation vague de la valeur; il faut encore exprimer l'éspèce de valeur. Les expresions *valeur reçue, valeur entendue, valeur entre nous, valeur prétée en mon besoin, valeur en contractant, valeur en quittance* sont insuffisantes. Il en est de même de l'expression *valeur en moi-même*. Elle anonce bien que le tireur est créancier du bénéficiaire, mais elle ne prouve pas que celui-ci ait fourni la valeur de la traite. Toutes ces énonciations ne précisent pas la nature de l'opération qui a été faite. (1)

D'après l'art. 110, on peut causer *valeur en espèces,* en *marchandises, en compte, ou de toute autre manière.* La loi indique elle-même le moyen d'échapper à ses rigueurs. On causera *valeur en compte,* toutes les fois qu'on voudra énoncer une cause fictive ; car le mot *compte* signifie un compte passé, présent ou futur. Le porteur créditera le tireur sur son compte du montant de la lettre de change.

Il n'est pas nécessaire que la valeur provienne d'une opération commerciale. Il suffit qu'elle soit à la connaissance du tireur. Ainsi, elle peut être fournie en *immeubles,* en *retour de partage,* en *rem-*

____

(1) Cass. 19 juin 1810.

placement militaire, pour *prix de fermages,* en conséquence d'une *radiation d'inscription hypothécaire,* ou en reconnaissance de *bons offices reçus* (1). On voit que pour causer une lettre de change, il n'y a pas de formule sacramentelle. Il suffit que la valeur fournie, soit implicitement et clairement exprimée dans la lettre.

Quand la cause énoncée est fausse ou qu'elle est illicite, les tribunaux doivent prononcer la nullité du titre. Cependant, il ne faut pas exagérer ce principe. Cette nullité sera bien opposable au tireur, au tiré et au preneur, mais elle ne pourra pas être prononcée contre les endosseurs, si le titre est passé des mains du bénéficiaire primitif à celles e d porteurs subséquents. Vis-à-vis d'eux le titre fait preuve complète.

Selon nous, on ne saurait trop s'élever contre la nécessité légale de causer les effets. Cette formalité est inutile et dangereuse, puisqu'elle ne prévient aucune fraude et amène mille procès. En fait, on n'éxécute par la loi d'une manière sérieuse. « Tout « le monde, dit M. Mittermaier, connait la signifi- « cation du terme, *valeur en compte.* Une règle de « prudence interdit aux commerçants de mettre le « public dans la confidence de leurs véritables rap- « ports. Il suffit que le tireur, en créant la lettre « de change, garantisse le payement à tous les « porteurs subséquents; personne n'a intérêt à

(1) Pau, 11 nov. 1034. — Bruxelles, 1ᵉʳ février 1816.

« scruter le motif de cet engagement. » (1) Ces
paroles, pleines de bon sens pratique, sont la meil-
leure réfutation de la loi française. La plupart des
législations modernes ont repoussé ce système. Il
est temps que cette formalité, toujours éludée, disparaisse enfin du Code de commerce pour faire
place au droit commun, qui a suffi pendant des
siècles, et suffit encore à presque toute l'Europe (2).

§ VII

De l'ordre

D'après l'art. 110, la lettre de change est à
l'ordre d'un tiers ou du tireur lui-même. Cette
disposition, féconde en résultats, consacre le principe de la transmissibilité de la lettre de change
par le seul effet de l'endossement.

Ce fut au commencement du XVIIe siècle qu'apparut cette forme nouvelle de la lettre de change.
Elle en a modifié le caractère. La lettre de change
n'est plus exclusivement et essentiellement un mode
d'exécution du contrat de change. On emprunte
une somme d'argent pour établir un commerce, le

(1) M. Mittermaier, Revue étrangère et française de législation, tom. 7, p. 868.

(2) Outre l'Allemagne, l'Angleterre et les Etats-Unis, on
peut citer l'Espagne, la Hollande et le Portugal.

prêteur exige une lettre de change et l'emprunteur la souscrit; où est le contrat de change? Il n'existe pas. Depuis l'introduction de la clause à ordre, la lettre de change est devenue une véritable obligation dont la nature est assez difficile à définir et à caractériser. Voici le système qui nous paraît le mieux répondre aux vues de la théorie et de la pratique.

L'hypothèque, d'après les auteurs Allemands, n'est pas un droit réel, c'est une obligation de la chose. La *res est obligata*. La chose contracte passivement sans que le créancier prenne en considération la personne du propriétaire. Le champ hypohéqué est censé devoir. Cette doctrine est fertile en conséquences; car le créancier, sans se préoccuper de la personne du contractant, simple porte-parole du champ grevé, poursuivra l'immeuble qui répond de sa dette. Or, si on admet par fiction qu'un immeuble peut contracter passivement, pourquoi ne pas admettre qu'il peut contracter activement? Appliquant cette théorie à la lettre de change, on peut raisonner par analogie. Ce n'est pas le donneur d'ordre qui a contracté avec le tireur ou le tiré; c'est le papier. La personne du créancier originaire est de nulle considération. Le tireur et le tiré doivent au papier, n'importe dans quelles mains il passe. Le porteur définitif n'a nul besoin de s'occuper des porteurs antérieurs, il agit en vertu d'un droit propre, et comme détenteur actuel du papier. Dans l'hypothèque la chose est obligée ; dans la lettre de change, au contraire, le papier est pour ainsi dire un créancier représenté par le dernier porteur.

Revenons à notre article. La lettre de change n'est pas négociable si la *clause à ordre* fait défaut. Mais le mot ordre n'est pas sacramentel. Que l'on mette dans l'effet : *payez au porteur légitime*, ou bien : *à un tel ou à ses ayant-droit*, ou encore : *à un tel ou à sa disposition*, et le vœu de la loi sera rempli.

La lettre de change peut-être à l'ordre du tireur lui-même. Dans ce cas, elle est ainsi conçue :

Paris. 1ᵉʳ janvier 1873.   *B. P. fr.* 1.000

A un mois de date, il vous plaira, contre cette lettre de change, payer à mon ordre la somme de mille francs, valeur en moi-même.

Bon pour mille francs.
Jacques.

A M. Jean, banquier à Lyon.

On est dans l'usage de faire des lettres de change de cette nature, quand on est créancier d'une personne et qu'on est dans l'intention de céder sa créance. On fait ordinairement précéder ces lettres d'un avis par lequel on informe le tiré qu'on va faire traite sur lui. Mais il est évident que cette lettre de change n'est pas parfaite tant que le tireur ne l'a pas transmise par la voie de l'ordre; car il ne peut y avoir de lettre de change sans donneur de valeur. Or, une lettre de change, à l'ordre du tireur lui-même, ne peut encore contenir de valeur fournie; aussi, ces sortes de lettres sont conçues *valeur en moi-même*; ce n'est là qu'un provisoire, puisque le tireur ne peut négocier avec lui-même. Mais, lorsqu'il l'a passée à l'ordre d'un tiers par un endos qui mentionne la valeur qu'il reçoit, la lettre de change devient régulière.

La négociation doit être faite dans un lieu autre que celui du payement, afin qu'il y ait remise d'argent d'un lieu sur un autre. Ainsi, une lettre de change à l'ordre du tireur, créée à Toulouse et payable à Bordeaux où elle est négociée, ne réunit pas les conditions exigées par l'art. 110. En effet, il n'y a remise d'un lieu sur un autre, qu'autant qu'une valeur est fournie en un lieu pour qu'une somme d'argent soit comptée en un autre lieu. Or, quand le tireur souscrit une lettre valeur en lui-même, il est certain que la remise n'existe pas encore. La condition de la remise ne se réalisera que par l'endossement, et si l'endossement est fait par le tireur au lieu même où la lettre est payable, la condition essentielle au contrat de change venant à manquer, la lettre ne vaut que comme simple promesse. Telle est la jurisprudence des cours d'appel à laquelle résistent énergiquement les tribunaux consulaires (1). La lettre de change à l'ordre du tireur lui-même reçoit donc sa perfection de l'endossement; mais doit-il contenir toutes les énonciations prescrites par les

(1) Toulouse 6 mars 1830; — Paris, 1ᵉʳ avril 1841, et 8 mars 1842.

art. 137 et 138 du Code de commerce? L'affirmative est soutenue par la cour suprême. Ces
articles sont généraux et n'établissent aucune distinction; il faut appliquer par conséquent l'axiome :
ubi lex non distinguit, nec nos distinguere debemus.

§ VIII

Mention du nombre d'exemplaires tirés

La lettre de change peut être tirée par première,
deuxième, troisième, enfin en autant d'originaux
qu'il plaît au tireur, pourvu que chaque exemplaire
l'indique. L'usage des *duplicata* remonte aux premiers temps de la lettre de change. Il était si
répandu que le tireur remettait trois exemplaires et
plus au donneur de valeur (1). L'importance des
duplicata était alors extrême. La lettre de change
égarée, le donneur de valeur ne pouvait plus
établir la promesse faite par le banquier de payer
dans une place la somme qu'il avait reçue de lui
dans une autre. Moins utiles qu'au moyen-âge, les
duplicata jouent encore un rôle important dans les
temps modernes. La lettre de change passe de main
en main et supplée à l'insuffisance du numéraire.
Or, il peut se faire qu'une traite soit tirée sur un
lieu très-éloigné, de Bordeaux, par exemple, sur

(1) Scaccia, *de cambio*, glose 6.

Valparaiso ou Boston; le négociant doit donc acheminer le titre vers ces villes pour obtenir l'acceptation du tiré, et immobiliser pendant un certain temps la lettre de change. Ainsi, éviter la perte du titre et favoriser la circulation; telles sont les causes qui nécessitent les *duplicata*.

Le cas le plus fréquent est celui où la lettre est tirée avec deux ou plusieurs exemplaires, afin que l'un étant envoyé à l'acceptation, la négociation de la traite puisse être faite. Dans ce cas, l'exemplaire négocié indique où est celui qui a été envoyé à l'acceptation. Il est ainsi conçu :

Paris, le 1ᵉʳ janvier 1873.

B. P. fr. 1.000

Il vous plaira payer par cette seconde lettre de change, la première étant chez X... en acceptation, la somme de mille francs, etc.

Le dépositaire de la première la rend à celui qui est porteur d'un duplicata.

On crée encore plusieurs exemplaires dans la crainte de perdre la lettre de change. Jean possède un effet sur Calcutta, il veut le faire parvenir au domicile du tiré dans l'Inde; mais il craint les risques de mer. Pour prévenir ce danger il exigera du tireur plusieurs exemplaires sur lesquels on insérera le numéro d'ordre et la formule cassatoire. Chacun de ces exemplaires sans cette précaution serait une valeur principale. Voici la formule :

Paris, le 1ᵉʳ janvier 1873,

B. P. fr. 1,000

*Il vous plaira payer par cette première de change,
la deuxième et la troisième ne l'étant,* etc.

Il est de principe que le détenteur du titre revêtu
de l'acceptation a un droit exclusif au paiement ;
il invoque la maxime : *le tiré doit à son acceptation.*
Le tiré serait obligé de payer deux fois, s'il négli-
geait de retirer le titre sur lequel son acceptation
figure. Le tiré non accepteur est libéré par le paiement qu'il fait sur l'exemplaire qui lui est présenté
le premier. Mais si les trois exemplaires ont été
négociés, par erreur ou par dol, à des personnes
différentes, et que les trois porteurs se présentent à
la fois ; à qui fera-t-on le paiement ? C'est une
question laissée à l'appréciation du juge ; il donnera
gain de cause à celui qui aura le moins de fautes à
imputer.

Il ne faut pas confondre les *duplicata* avec les
copies dont le Code ne fait même pas mention. Les
copies sont assez usitées dans le commerce. Il y a
cette différence entre les *duplicata* et les copies que
les premiers ne peuvent émaner que du tireur et
doivent être revêtus de sa signature. Si donc le porteur veut avoir un *duplicata,* il faut qu'il remonte
d'endosseur à endosseur, jusqu'au tireur, pour
avoir toutes les signatures. On conçoit que lorsque
la lettre a circulé par des places très-éloignées, il
est difficile et souvent impossible de remplir avant
l'échéance toutes ces formalités. Cependant le porteur d'une lettre de change est intéressé à la faire
accepter et à pouvoir en même temps la négocier

sans en attendre le retour. Pour arriver à ce double avantage, il reproduit lui-même sur une seconde feuille de papier tout ce qui se trouve déjà sur le titre primitif. Il écrit ensuite *jusqu'ici copie*.

CHAPITRE IV

ENONCIATIONS FACULTATIVES QUE PEUT CONTENIR UNE LETTRE DE CHANGE

Quand le tireur n'est pas assuré que le tiré fera honneur à la traite, il indique souvent, qu'à défaut d'acceptation ou de paiement, le porteur s'adressera à une ou plusieurs autres personnes du même lieu qu'il indique : c'est ce qu'exprime la mention *« s'adresser au besoin. »* Par ce moyen, le tireur évite de voir sa signature en souffrance, et de payer des frais de rechange et un compte de retour. L'indication du *besoin* est faite par le corps de la lettre, iav sou par un séparé. Ce dernier mode est ed beaucoup préférable, en ce qu'il ne met pas en suspicion le crédit du tiré.

Il arrive aussi quelquefois que le tireur insère dans la lettre que le porteur fera le *retour sans frais.* On s'est demandé si une pareille mention est légale.

Nous n'hésitons pas à nous prononcer pour l'affirmative. Les dangers que cette classe peut présenter ne sont pas en rapport avec les nombreux avantages qui en découlent. Il ne faut pas perdre de vue, en effet, qu'une traite protestée peut être pour un commerçant une cause de ruine. Il y a donc tout lieu de donner au commerce la facilité d'échapper à un mal considérable, au moyen d'une convention qui, librement formée, doit tenir lieu de loi à tous ceux qui l'ont acceptée. Or; quand le tireur a stipulé qu'en cas de non-paiement on lui retournerait la traite sans frais, le preneur qui l'a reçue à cette condition manquerait à la loi du contrat s'il n'accomplissait pas de retour. MM. Pardessus et Nouguier se prononcent aussi pour la validité d'une telle clause.

Remarquons que cette mention peut donner lieu à de graves contestations à cause de la place qu'elle occupe au bas du titre et au-dessous de la signature du tireur qui peut nier qu'elle soit émanée de lui. Le correctif à cet inconvénient se trouve dans le soin que prennent les commerçants attentifs d'approuver la mention par un paraphe. Nous pensons que la clause de retour *sans frais* peut être apposée non-seulement par le tireur mais par un endosseur. Seulement les effets du retour varieront suivant qu'il émane de tel ou tel signataire. Apposé par le tireur, il sera obligatoire pour tous les obligés. Ecrit par un endosseur il pourra lui être opposé ainsi qu'à tous les endosseurs postérieurs. Mais à l'égard des endosseurs précédents et du tireur, il y aura nécessité de se conformer aux prescriptions de la loi. Dans ce cas, l'effet de la mention est restreint aux frais de dénonciation aux endosseurs subséquents, puisque, sous peine de perdre tout recours contre les endosseurs précédents, le porteur est tenu de faire protester et de leur notifier son acte de protêt.

Il existe encore d'autre clauses qu'on rencontre dans les lettres de change : par exemple, la clause *suivant avis* et la clause *sans autre avis*. Dans le premier cas, le tiré ne doit pas payer la lettre de change sans avoir reçu du tireur l'avis que celui-ci lui promet. Il engagerait sa responsabilité et s'exposerait à payer deux fois. Dans le second cas, il doit payer sans autre formalité.

CHAPITRE V

DE LA LETTRE A DOMICILE

Une lettre de change peut être tirée sur un individu, et payable au domicile d'un tiers (Art. 111). On appelle alors la traite *lettre à domicile*, et *domiciliataire* celui chez lequel le paiement est indiqué.

Cette faculté est souvent utile, mais elle n'est pas sans inconvénients. Elle est utile surtout dans les opérations commerciales faites avec des provinces éloignées ou peu commerçantes et avec les pays étrangers. On demande à un négociant une lettre de change sur un lieu dans lequel il n'a point de correspondant ; mais il en a un dans une ville voisine : il lui est donc très-avantageux de tirer sur ce correspondant et de faire la traite payable dans le lieu où l'on demande à toucher les fonds, et que le tiré se charge alors d'y faire trouver.

Une foule de cas semblables peuvent se présenter ; mais de cette complication d'opérations naissent des difficultés lors du paiement et des diligences à faire pour constater les refus d'acceptation ou de paiement ; il faut donc apporter le plus grand soin à la confection de la lettre de change.

L'art. 111 ajoute que la lettre de change peut être tirée par ordre et pour le compte d'un tiers. Le but de cette disposition est de permettre au donneur d'ordre de ménager son crédit, en faisant intervenir un ami qui tire par son ordre et pour son compte. Par ce moyen, les négociants peuvent se procurer de l'argent sans figurer trop fréquemment en qualité de tireurs ; les tiers n'ont pour obligé connu que le tireur substitué à l'ordonnateur dont le crédit est protégé.

Il n'est pas rare cependant que l'ordonnateur se fasse connaître. Le tireur en avertit alors le tiré, soit par la traite même, en désignant le donneur d'ordre dans le corps du titre par son initiale, soit par un avis séparé.

La désignation est ordinairement faite ainsi :

A tel jour, payez par cette lettre de change à l'ordre de M. la somme de... valeur reçue comptant pour le compte de M. N.

ou bien :

valeur reçue comptant laquelle ¦samme vous passerez au compte de M. N.

CHAPITRE VI

DES SUPPOSITIONS

L'article 112 répute « simples promesses toutes
« lettres de change contenant supposition soit de
« *nom*, soit de *qualité*, soit de *domicile*, soit des
« *lieux* d'où elles sont tirées ou dans lesquels elles
« sont payables. »

Le motif de cette disposition est que les lettres
de change qui ne contiennent pas en réalité toutes
les conditions exigées par l'article 110 ne sont pas
des actes de commerce, et par conséquent ne peuvent rendre ceux qui les font justiciables de la juri-
diction commerciale.

Il y a supposition de personnes soit lorsque celui
qui tire signe du nom d'un tireur imaginaire, soit
lorsque la traite indique un tiré qui n'existe pas ;
soit lorsque le preneur est supposé et que sous son
faux nom la lettre est mise en circulation.

Quant à la supposition de lieu, elle résulte de ce
que les parties feignent que la lettre a été tirée d'un

lieu autre que celui de la traite ou ailleurs qu'au lieu de la traite, tandis que, dans le fait, c'est à ce lieu qu'on est convenu de faire le paiement.

Quant à la simulation de *qualité*, elle a pour but de tromper les tiers en usurpant un titre qui donne confiance; elle a presque toujours lieu pour faire prendre le change sur son identité et abuser du crédit dont jouit une personne de même nom que l'auteur de la supposition. Cette usurpation de qualité produit non-seulement les mêmes effets que les autres suppositions prévues par l'article 112; mais elle est, en outre, considérée comme une escroquerie par l'article 405 du Code pénal, et punie d'un emprisonnement d'un an au moins et de cinq ans au plus, et d'une amende de 50 francs à 3,000 francs.

Quels sont au juste les effets des suppositions une fois reconnues?

A s'en tenir aux termes de l'article 112, il faudrait dire que la traite faussement qualifiée lettre de change ne pourra valoir que comme obligation *civile*, et qu'en conséquence, les règles du droit civil pourront seules lui être appliquées, alors même qu'en réalité l'opération faussement qualifiée lettre de change cacherait un acte commercial, même entre commerçants: mais cette interprétation ne nous parait pas exacte : elle ne peut se justifier que par le texte même de l'article 112. Selon nous, la lettre de change imparfaite sera tantôt un billet à ordre, tantôt une rescription ou un mandat. Il était difficile de caractériser l'effet des suppositions, car il varie suivant les circonstances particulières qui l'environnent. Il peut arriver, par exemple, que la supposition de lieu cache une remise effective, mais dans un lieu autre que celui indiqué et qu'il y ait ainsi réellement contrat de change entre les parties ; pourquoi dès lors priver la convention des effets qu'elle peut produire, une fois dépouillée du caractère de lettre de change? Ne serait-il pas injuste de l'assimiler à une opération dans laquelle il n'y aurait pas eu remise. Le législateur a seulement entendu enlever le caractère de lettre de change à la lettre contenant des suppositions mensongères, et a laissé aux tribunaux le soin de la qualifier suivant les circonstances. Comme il n'était pas possible de lui donner un caractère déterminé, on a imaginé de déclarer qu'elle ne vaudrait que comme *simple promesse*, expressions vagues qui ont été employées à dessein, alors qu'il était si aisé de dire « ne vaudront que comme obligations civiles » si on avait entendu que la supposition entraînerait toujours un tel effet.

CHAPITRE IV

DES INCAPACITÉS

Il ne suffit pas pour la validité de la lettre de change que toutes les formalités prescrites par l'article 110 du Code de commerce aient été remplies; elle peut encore être infectée d'un vice qu'on qualifie de *personnel*, parce qu'il se rapporte aux signataires du papier. Le vice n'est pas dans la lettre elle-même, il est dans la personne de ceux qui y figurent. Ainsi les mineurs, les filles ou femmes, mariées ou non mariées, ne peuvent s'engager par lettre de change, sauf dans les cas prévus par les articles 2 et 5 du Code de commerce.

L'article 114 dit que les mineurs ne peuvent s'engager par lettres de change. Cet article semble inutile. En effet, ou le mineur est commerçant, et dès lors il peut s'engager par lettre de change, ou il n'est pas commerçant, et alors il est frappé d'une incapacité générale. Le législateur a cru utile d'indiquer que le papier, sur lequel la signature du mineur serait apposée, produirait à l'égard des autres signataires tous les effets de la lettre de change; elle est nulle seulement en tant qu'on voudrait s'en prévaloir contre lui. Il fallait aussi dire que le mineur ne pourrait s'engager par lettre de change, dans les cas mêmes où il peut s'engager autrement. Ainsi le mineur émancipé peut s'engager pour l'administration de ses biens; mais il ne peut le faire par lettres de change.

La signature des femmes et des filles non négociantes, sur lettre de change, ne vaut, à leur égard, que comme simple promesse.

Remarquons que quand la loi ramène à l'état de simple promesse, la signature des femmes mariées et *non négociantes*, elle entend parler des femmes qui sont autorisées par leurs maris, ou par justice. Quant aux femmes mariées non autorisées, leurs engagements commerciaux sont frappés de nullité, comme leurs engagements civils, par application de l'art. 217 du Code civil, sauf les dispositions du même Code relatives aux femmes séparées de biens, en ce qui concerne leur administration, et celles qui ont trait aux biens paraphernaux sous le régime dotal (I).

Quant aux signatures opposées sur des lettres de change par des femmes ou filles *marchandes publiques*, elles produisent à leur égard le même effet

______

(1) Code civil, art. 223, 1449, 1536, 1576.

que les signatures de toute personne capable. En
effet, d'après l'art. 220 du Code civil, « la femme,
» si elle est marchande publique, peut, sans l'au-
» torisation de son mari, s'obliger pour ce qui
» concerne son négoce, etc. » et l'art. 113 du Code
de commerce ne fait exception qu'en ce qui concerne les femmes *non marchandes publiques.*

L'interdit et celui qui est pourvu d'un conseil
judiciaire ne sont pas liés non plus par le contrat
de change.

A côté de l'incapacité générale qui frappe les
mineurs, les interdits et les femmes non négociantes,
il en existe d'autres qui frappent certains individus
à raison de leur profession. Ainsi, les agents de
change et les courtiers ne peuvent, dans aucun cas
et sous aucun prétexte, faire des opérations de
commerce ou de banque pour leur propre compte
(art. 95, Code com.).

Le décret de 1810 fait défense aux magistrats
et aux avocats de s'immiscer dans le commerce.
Ils ne peuvent, par conséquent, se livrer au trafic
des lettres de change.

En dehors de ces incapacités, toute personne
peut prendre part au contrat de change.

La lettre de change contenant toutes les énonciations indiquées dans l'art. 110, et souscrite par
une personne capable, oblige le signataire sur tous
ses biens, et le rend justiciable des tribunaux consulaires. Tous ceux qui ont signé la lettre sont soumis à la garantie solidaire; chacun des obligés est

tenu comme s'il était seul obligé pour le tout. Ce n'est pas, il est vrai, une solidarité parfaite, car les obligés ne se sont pas donné mandat les uns aux autres. C'est une obligation *in solidum* dont les conséquences néanmoins sont graves. Ainsi le tireur pourra être assigné devant le tribunal de l'accepteur, et réciproquement tireur et accepteur pourront être justiciables du tribunal de l'endosseur.

En Allemagne et en Angleterre, on suit, relativement à la solidarité, la même règle qu'en France.

Nous avons essayé d'expliquer l'origine et les formes de la lettre de change. Sans doute, quelques modifications, réclamées par les progrès incessants du commerce et les besoins de la circulation, amèneraient certains avantages qu'on ne peut méconnaître; cependant, telle qu'elle est, la loi française est encore la plus parfaite des législations commerciales modernes, et sert encore de modèle aux autres nations policées.

POSITIONS

DROIT CIVIL

I. L'héritier est-il déchu *erga omnes* de la faculté d'accepter bénéficiairement, lorsqu'un des créanciers de la succession a obtenu contre lui un jugement passé en force de chose jugée, qui le condamne comme héritier pur et simple? — Non. Il faut appliquer les principes de l'art. 1351.

II. Les créanciers ont-ils qualité pour pratiquer directement contre les débiteurs de la succession des saisies-arrêts, sans recourir à l'entremise de l'héritier bénéficiaire? — Oui.

III. L'abandon des biens ne constitue pas une renonciation.

IV. Les créanciers non opposants qui se présentent avant l'apurement du compte et le paiement du reliquat, ne peuvent exercer leur recours, si l'héritier est insolvable, que contre les légataires.

V. Lorsque la succession est acceptée bénéficiairement, la séparation des patrimoines a lieu de plein droit au profit des créanciers de la succession bénéficiaire; et ces créanciers ne sont pas déchus du privilége de la séparation des patrimoines, si l'héritier vient à encourir la déchéance du bénéfice d'inventaire.

DROIT COMMERCIAL

I. Dans l'art. 632 du Code de Commerce, le mot *place* est employé comme synonyme de *lieu*.

II. L'accepteur peut-il, par des conventions ultérieures à la confection de la lettre de change, la rendre payable dans le lieu même d'où elle a été tirée? — Non.

III. L'art. 139 qui prévoit le cas de l'antidate dans les endossements, est-il applicable aux antidates de la lettre elle-même? — Non.

IV. Le tireur peut-il se désigner lui-même pour acquitter le montant de la lettre de change? — Oui.

V. La négociation de la lettre de change doit être faite dans un lieu autre que celui du paiement, lorsqu'elle est à l'ordre du tireur lui-même.

VI. En cas de faillite du tiré, la provision appartient au porteur de la lettre de change.

Vu par le Président de la thèse,

P. GIDE.

Vu par le Doyen de la Faculté,

G. COLMET-DAAGE.

Paris. -- Imprimerie Pourcelles-Florez, 24, rue des Fossés-Saint-Jacques

www.ingramcontent.com/pod-product-compliance
Ingram Content Group UK Ltd.
Pitfield, Milton Keynes, MK11 3LW, UK
UKHW021744090726
13657UKWH00002B/910

9 782019 934